石原莞爾 満州ふたたび

早瀬利之

芙蓉書房出版

石原莞爾　満州ふたたび　目次

主な登場人物（昭和十二年十月〜十三年八月）

石原莞爾　関東軍副長　陸軍少将
植田謙吉　関東軍司令官　陸軍大将
東條英機　関東軍参謀長　陸軍中将
磯谷廉介　関東軍参謀長・新任　陸軍中将
冨永恭次　関東軍第一課長　陸軍大佐
片倉　衷　関東軍第四課長　陸軍中佐
辻　政信　関東軍参謀　陸軍大尉
高橋柳太　石原の副官
平林盛人　満州軍顧問　陸軍少将（石原の同期）
大迫通貞　満州軍顧問　陸軍大佐
田中　久　満州軍顧問　陸軍大佐
樋口季一郎　ハルピン特務機関長　陸軍少将（石原の同期）
甘粕正彦　満州協和会総務部長　元陸軍大尉
鮎川義介　日産グループ総帥

阿南惟幾　陸軍少将　陸軍省人事局長
多田　駿　陸軍参謀本部次長　陸軍中将
秩父宮殿下　陸軍参謀本部付
石原鋕子　石原莞爾夫人
小泉菊枝　満州協和会員
山口重次　元満鉄社員　奉天副市長
小澤開作　満州協和会員　歯科医
李　夫婦　石原家使用人（満人）
杉浦晴男　『王道文化』編集人

プロローグ

1

北へ進むにつれて、秋の気配が深まってきた。

幾度も郷里山形県鶴岡へ帰っていて、季節感は誰よりも敏感だったはずだが、この日はつい二週間前の非常事態の激務で、体も心もずたずたに切り裂かれてしまい、夏が止ったままだった。頭髪は激務の連続ですっかり禿げ上がり、顔も浮腫《むく》んでいる。陸軍参謀服姿の石原莞爾少将は、半開していた窓から吹き込んでくる風にひやっとして、秋の気配を感じた。

石原は立ち上がるとガラス窓を下ろして閉めた。静寂が戻り、窓外の家や石垣に当たる列車の轟音や、チャンチャンチャンチャンという踏切り信号機の音が、かすかに聞こえてくる。

彼は二十分ほど前の上野駅の光景を思い出していた。見送りにきた人は七人だった。参謀本部の多田駿次長や陸軍省人事局長阿南惟幾、それに参謀本部第一部の作戦課の部下たちには知らせなかったので、上野駅での見送りには来なかった。彼らは陸軍の慣例に従い、少将以上は羽田から飛行機で出かけるものと信じていて、たぶん羽田に向かったのだろう。定期便での移動はこれまでの慣例だったからである。

よほど飛行機が嫌いな者は、東京駅から神戸、又は下関に出て、定期船で朝鮮半島の釜山港に渡った。釜山からは鉄道で京城、平壌、義州に出て、さらに安奉線で国境の鴨緑江の長い鉄橋を渡り、安東に入る。そこから満州鉄道の安奉線で奉天駅に上がる。

前参謀本部作戦部長石原の場合は、左遷人事の関東軍参謀副長でも、飛行機使用が許されていた。職務上、むしろ義務でもあった。石原は、昭和六年の満州事変のときは自ら飛行機に乗り、張学良軍の本営である錦州城に、爆弾を両手で投下したほどで、飛行機嫌いではない。石原は海軍よりも早く、航空隊の必要性を上司に提案し、航空本部を発足させ、アメリカよりも早く航空集団を作り上げた生みの親でもあった。

したがって陸軍省や参謀本部の誰もが、石原は羽田発新京行きの定期便に乗り込むだろうと信じ切っていた。さもなくば東京から、急行「富士号」で下関に出て、船に乗ると思い込んでいた。参謀本部第一部河辺虎四郎課長や今田新太郎少佐、堀場一雄大尉、稲田正純中佐、今岡豊大尉、それに石原を参謀本部から追い出す結果になった第二課長武藤章大佐らは、石原出発の日時や駅名がいつ知らされるか、互いに聴き耳を立てていたが、ついに石原本人からも、また弟の六郎からも連絡はなかった。

朝、上野駅には、陸軍士官学校同期の富永信政少将、平林盛人少将と協和会東京本部の会員たち、それに弟の六郎、妻の銻子の七人だった。誰にも知らせていなかったので、陸軍省や参謀本部員の見送る姿はなかった。もっとも参謀本部員たちは、海軍が引き起した上海事件後、日本軍が苦戦で忙殺され、上司の石原を見送りに出かける余裕はなかった。

「それにしても上野から満州へ行くとはな。うまく巻いたもんだ」

陸士同期の平林盛人はデッキに立った石原をからかった。

石原は、

「オレがつくった新潟と羅津を結ぶ羅津港がどうなっているか、新京への羅津鉄道をこの眼でしっかり見届けておきたいのよ」

と手を振って笑った。

「東條参謀長と、あまり喧嘩するなよ。参謀本部の連中、誰ひとり見送りにきていないじゃないか。あきれたもんだ。上司が満洲へ発とうというのに、誰を怖がっているんだ。スパイの武藤をか」

「もういいんだ。宝亭で送別会をやってもらったから。軍人がいちいち見送っていたら、戦に負けてしまう。送別は一回切り。これが陸軍の慣例じゃないか」

「お前を追い出しておいて、いい気なもんだ。軍人をやめると言えばよかったのに」

「二・二六事件のとき、オレもやりすぎたからな」

「荒木大将をバカ呼びした一件か。あれはすぐに広まったけど、みんな、軍規の何なのかを思い知ったはずだよ」

「いかなる事情があっても、軍人は政治に暴力を振るっても、口を出してもいかん、とオレは言ってきたつもりだ。それを、満州でもやるつもりでいるよ」

「お前は苦労するぞ。参謀長ならやりたいことがやれるけど、その下の副長じゃ、植田司令官、東條参謀長を向こうに回しての喧嘩になるな。体調も悪いんだから程々にな」

富永は平林の横で、心配そうな顔をした。

「オレは大部屋の方がいいんだよ。一人一人に眼が届くんだから。一課から四課、全員ひとつの大部屋で仕事なんだから、楽しいさ」

「東條に小銭をもらって、みんな飼い慣らされているぞ。切り崩しが大変だな。日産の鮎川は新京入りしているようだし、また火種ができたな」

「鮎川なら、先にオレのところに挨拶に見えたよ。人も金も準備できて、この暮れには新京とハルピンで派手なパーティをやるらしい。百万円、関東軍に寄付すると言ってた。まだ財閥より彼の方が信頼できるかもな」

「奥さん、いつ発つのだい？」

と、平林は傍らにいる痩せた着物姿の銻子《ていこ》に言った。

「私はまだです。準備が整い次第です。両親もいますから」

「銻ちゃんはあとから追っかけてくるさ」

石原は、妻の銻子を、友人の前でも銻ちゃんと呼んだ。友人や部下たちは、石原の愛妻ぶりを知っていて、参謀本部でも、電話をかけるときは「銻ちゃん」呼びしているところを何度も見ている。石原少将らしからぬ愛妻ぶりだった。

「今度は二、三年じゃすまないぞ。それにお前を暗殺する奴がいるだろうから気をつけろよ」

富永が言った。

「覚悟しているよ。満州に骨を埋めるつもりだ。満軍を強化して、日本軍は引揚げさせるから、富永も、満軍の顧問になってくれよ。満州は満州人の軍隊で守らんとな。オレは満州を合衆国にする。そこでオレは骨を埋める。でもオレの骨は拾ってくれるよな」

「拾ってやるもんか。樋口が拾ってくれるよ」

三人は笑った。

「あいつ、ハルピンにいるんだったな」

発車のベルが鳴った。

別れぎわに、石原は妻の銻子に、

「銻ちゃん、新京駅に着く時間を、電報で知らせてくださいよ。迎えに行きますからね」

石原は右肘を張り、敬礼し、車輛室に入った。

窓を開けた。体を乗り出すと、石原は見送る人たち一人一人に、手を振った。

上野駅のプラットホームを出ると急に車内が明るくなった。列車は山の手線に沿って北に走っている。

王子駅を通過する頃だった。前方のデッキに参謀服姿の三人の男が立って、石原が乗っている車輛に直立不動で挙手していた。石原はひと眼で、手前の男が、参謀本部第一部第二課の今田新太郎少佐と分った。彼ひとりが眼鏡をかけていたからである。

あとの二人は同じ第二課の高嶋辰彦少佐と四角い顔の堀場一雄大尉だった。

第二課は石原が第一部長になって組織を作り変えたさい、日満産業五ヵ年計画を担当する戦争指導課となる。石原は、関東軍参謀の経験者で砲兵連隊長をしていた河辺虎四郎大佐を参謀本部に呼び込むと、課長に抜擢した。

第三課長には関東軍参謀の武藤章大佐を満州から呼び寄せて起用した。武藤は陸士二十五期で、ドイツ駐在・教育総監部課員、昭和六年の満州事変のときは参謀本部作戦課兵站班長だった。当時は一期先輩の河辺虎四郎作戦班長と共に、独走する石原の満州事変の処理に当っている。その後昭和十一年三月の異動で、関東軍参謀課長として栄転する。熊本生れの武藤の性格は、性剛毅果断にして実行力に富み、一歩も譲らないところがあった。そんな武藤に、日満産業五ヵ年計画を立ち上げた石原は、軍事作戦を担当させた。

石原は、もっぱら彼が新設した河辺の第二課作戦指導課を直轄した。河辺はポーランド駐在のあと、参謀本部に入り、満州事変のときは作戦課作戦班長だった。どちらかと言うと事務屋タイプで、細かいところまで眼が届く。日本国家を揺るぎないものにするためには、石原が起案した産業計画を、向こう五ヵ年間で完成させる必要があり、それには事務屋が必要だった。

本来なら政府が取り組む国家プロジェクトだったが、二・二六事件後は無政府状態になり、誰ひとり国造りに命を賭ける者はいなかった。組閣人事でも、大臣ポストを打診されると逃げ腰になるありさまで、二・二六事件後の内閣からは、国造りという言葉さえ生れなかった。

しかし石原は、日本国家は産業計画で再建するという肚を固めていた。彼が「日満産業五ヵ年計画」を起案したのは、ソ連が産業計画を実行して軍備を強化している事実を知ったからである。

スターリンの経済計画は軌道にのり、着実に軍備を拡張していて、満州国を守る関東軍の十倍の軍事力を備えていた。ソ連やイギリス、アメリカ、ドイツに比べ、日本は政治抗争と軍事クーデター、テロの横行に明け暮れて、国家造りは忘れられている。

石原は政治家には任せられないと肚を決めると、日満産業五ヵ年計画でソ連に対峙できる経済と軍事力を築き上げようと、参謀本部で行動を起し、河辺虎四郎大佐に担当させた。

作戦指導課（第二課）の中でも、石原の理想論についてきたのは、剣道の達人の今田であり、高嶋や、ソ連大使館に駐在してソ連軍を偵察して誰よりもソ連の軍備に詳しい顎の張った堀場だった。

堀場は石原が第二課作戦指導班をつくるさい、モスクワから呼び寄せた人物である。データ分析力に秀れ、河辺を補佐していた。この三人が、どうして知ったか、石原の出発を聞きつけ、参謀本部を抜け出し、車をとばして機関車側から乗り込んでいた。

「今田の奴、侍のくせに、泣いてやがる」

と、石原は思った。

列車が浦和のプラットホームを通過する頃、石原は立ち上がると返礼した。三人は次の停車駅大宮で降りた。すぐに三人の姿は車窓から消えた。

石原には、彼が着想した「日満産業五ヵ年計画」はいずれ解体され、参謀本部第二課は取り払われて第三課に編入されることが分っていた。彼の後任となる第四課長の下村定には、国造りの頭はない。参謀本部の中枢である第一部の頭が変われば、作戦の全てが変わるし、人事異動もある。

石原を追い出した武藤章第三課長は、このときの異動で松井石根司令官の中支那方面軍参謀副長に飛ばされた。

2

石原が参謀本部の第一部長となったのは、昭和十二年三月の陸軍省定期異動である。陸軍は大幅な異動を行なった。昭和史の中で最大の異動だった。

ちょうど満州建国から五年の節目でもあった。石原は一年前の二・二六事件を収拾した直後の三月二十日、「参謀本部編制並担任業務に関する意見」書を関係方面に出している。要は、関東軍の参謀時代の業務処理に比べて、国内の参謀本部は統制がとれておらず、参謀本部の編成を改正すべきである、という趣旨である。石原が参謀本部に入ったときの組織は、総長、次長の下に総務部、第一、第二、第三、第四部があり、各部が二課で編成されていた。第一課は総務部の中に、二課(作戦)・三課(防衛)は第一部の中に、第四課(欧米)・第五課(支那)は第二部の中に、第六課(鉄道、船舶)・第七課(通信)は第三部の中に、第八課(戦史)と第九課(演習)は第四部の中にあった。

迅速な統制をとるため、石原は第一部の中に戦争指導、国策政策、調査業部の戦争課、作戦、兵備、制度、条規、教育担当の作戦課を、第二部には欧米課、支那課の他に、新しくロシア課を追加している。

第三部は交通課、通信課、防衛課で編成、第四部は従来の演習事務を総務部の庶務課に、戦史は陸軍大学校に移し、教育総監部を廃止して第四部の中に教育部を置く、という組織がえである。

参謀本部の中に教育部を持ってきて、権力を第一部に集中させている。

この石原の機構改革事案は、昭和十一年六月五日、参謀本部編制改正として実施される。石原はこの改正で、今まで作戦だけだったが、戦争指導と情勢判断を主務とする第一部の第二課長を兼務した。

この第二課の部員は、寺田雅雄中佐、高嶋辰彦少佐、のちに今田新太郎少佐が加わるが、たったの三名である。しかし少数精鋭者揃いだった。

石原は、昭和八年に日本が国際連盟を脱退後、孤立して行く姿を見てきた。イギリス、ドイツ、アメリカ、フランスなどいずれの国とも同盟関係はなく、北のソ連は経済五年計画で極東だけで日本の十倍の軍需力を強化していた。一方で太平洋は広しといえど、アメリカはグアム、フィリピンの基地を強化し、香港、シンガポールへのシーレーンを確保するため、日本への経済封鎖の機会を狙っていた。

このままでは「小国日本」は国際社会の中でますます孤立し、国民は飢え死にする。そうならないため、石原は日本と満州の計画経済に入り、国力を高め、同時に自国防衛のため軍備の強化に取り組む必要を感じていた。

彼の日満産業計画は、本来なら日本政府なかでも商工と農林省が取り組む立場にある。だが、二・二六事件後の日本政府は無力で立案力に欠けた。政府がだめなら、軍がリーダーシップを取らねばならない。なかでも陸軍の参謀本部が着手しなければ前に進めなかった。

石原のこうしたスタンスは陸軍省だけではなく、政府からも、また「金喰い海軍」からも支持された。

石原は日満産業五ヵ年計画を外郭機関に委嘱する構想を立て、前満鉄調査会参事の宮崎正義を起用した。宮崎起用では満鉄総裁の松岡洋右も、また関東軍参謀長の板垣征四郎も双手を挙げて協力した。

宮崎は満鉄から参謀本部の外郭機関・日満財政経済研究会の所長に採用され、内外から研究スタッフを集めた。中心となったのは東京大学経済学部出身者たちである。この中には、東大経済学部助手で後に作家となる南條範夫も徴用れた。彼らは東京駅構内にあるステーションホテルの大部屋に集められ、日本国家、なかでも日本経済建設の立案に取り組む。

これが、いわゆるMと呼ばれた宮崎機関である。石原は政府にも陸・海軍の中央部でも思いつかない「日満産業五ヵ年計画構想」に着手した。その動機をこう語っている。

「世はいよいよ国防国家の必要を痛感した。国防国家とは、軍人の見地より言えば、軍人が作戦以外のことに少しの心配もしなくともよい状態にあることで、軍としてはもっと明確に国家に対して軍事上の要求を提示しなければならない。私は一試案を作ってそれに要する戦費を、その道に明るい一友人に概算して貰った。友人の私に示した案は、私の立案の心理状態と同一で、どうやら内輪に計算されているらしい」

「私の考えでは、軍は政府に軍の要求する兵備を明示する。政府はこの兵備に要する国家の経済力を建設すべきである。しかし当時自由主義の政府は、われらの軍費を鵜呑みしても、これに基づく経済力の建設は到底企図する見込みがないところから、軍事予算が通過しても軍備はできない。

考え抜いた結果、何とかして生産力拡充の一案を得て、具体的に政府に迫るべきだと考え、板垣関東軍参謀長と、松岡満鉄総裁の諒解を得て、満州事変前より満鉄調査勤務のため関東軍と密接な連絡があり、事変後満鉄経済調査会を設立した宮崎正義氏に日満経済調査会を作って貰い、まず試みに前に述べた試案に基づき、日本経済建設の立案をお願いしたのである。誠に無理な要求であり、立案の基礎条件は甚だ曖昧をきわめていたにも拘らず、宮崎氏多年の経験とその勝れた知能により、遂に昭和十一年夏には日満産業五ヶ年計画の最初の案が出来たのである」

国力をつける、それには十年間、戦争をしてはならないとの考えから産業五ヵ年計画が具体化するが、そもそも石原に「国力づくり」を決意させた人物は誰かといえば、モスクワの駐ソ連大使館武官府勤めにいた、陸軍大尉堀場一雄であった。

気骨と情熱の情報員であった堀場武官補佐は、九年五月から十二年三月まで、モスクワでソ連軍の情報を分析していた。彼はモスクワ入りするまでは参謀本部の作戦課にいたが、八年六月関東軍司令部へ約二週間出張し、兵站関係を調査し、対ソ連への戦備を視察した。当時ソ連は経済五ヵ年計画に入っていて、極東には六個師団、騎兵二個師団を配置し、「日露戦争でとられた満州奪還」（戦後スターリン述懐）の機会を狙っていた。

ソ連軍専用のシベリア鉄道は、満州国から北のアムール川沿いに伸び、ウラジオストックまでの輸送力が増強されていた。昭和九年六月時点でのソ連極東軍と満州国境を警備する関東軍の戦備は、わずか五年の間に、ソ連側は関東軍の三倍に増強されていた。兵器面での差は見るも哀れなほど、関東軍は劣っていた。ちなみに極東ソ連軍は、

一、狙撃師団十一個師団
二、騎兵師団二個師団
三、戦車六五〇台
四、航空機五〇〇機
五、潜水艦十四隻。計二十三万人。

一方の関東軍の戦備は、歩兵師団三個師団、機械化旅団一旅団、騎兵集団一、航空機八〇機、独立守備隊三、そして隣国の朝鮮司令部の二個師団、合計五万人。

戦車と航空機の数では比べようもない。

堀場はこの年の七月、ソ連の武官補佐官に出されると、ソ連軍の調査に入った。彼はロシア語と中国語を流暢に話せるまで猛勉強し、新聞を分析、ラジオや新聞からも情報をとり、陸軍省に近況を報告している。

石原莞爾との接点は残念ながらまだ一度もない。

石原が堀場に眼をつけたのは、昭和十一年夏頃である。ちょうど宮崎機関が「第一次日満産業五ヵ年計画案」を策定した直後である。

それまで石原は作戦課長時代から堀場からのソ連軍調査報告書に眼を通していて、この男を使おう、と陸軍省人事局に掛け合っている。しかしソ連軍の調査続行の必要から、スカウトを見合わせた。

石原が堀場のスカウトに踏み出すのは、昭和十一年十二月一日付で最も若い参謀本部第一部長心得になってからである。陸士二十一期の若い石原は、十七期の東條、十九期の今村均、十九期の塚田攻、二十期の下村定ら先輩たちを追い抜き、第一部長に抜擢された。余りにも若すぎるため、陸軍大臣は「部長心得」とした。

しかし業務は部長に変わりなく、彼は戦争指導課をつくるなど、参謀本部の組織改革を断行した。なかでも第一部の人事では、陸軍きっての英才と実行力のある者たちが集められた。秩父宮雍仁親王もその一人である。ただひとつ、戦争指導課（二課）に、空席を残しておいた。

まだモスクワにいて、昼夜情報集めに苦悩している堀場大尉のためである。堀場は昭和天皇の弟君、秩父宮と陸士三十四期の同期生である。

堀場が、モスクワから呼び戻されて参謀本部第一部戦争指導課に配属されるのは、翌十二年三月中旬である。石原は堀場が参謀本部第一部長室に挨拶に見えたときに会ったが初対面である。彼のツラ構えを見たとき、石原は思わず、硬直した。

「なんと頑強なツラだ」

それが石原の第一印象だった。

石原といわず、堀場と初対面した者は揃って言葉を呑み込む。原因は、四角い顔に両顎鰓《えら》が突き出し、眼が細く、横に切れ長である。しかも剣の達人だった。しかし性格は竹を割ったようで、誠実そのものである。

「オレが眼を付けた男だ。こいつがあの報告書の作成者か」

石原は、口もとをへの字に曲げ、頷いたあとで言った。

「さっそくだが、帰国第一声の報告を頼む。第一部全員、会議室で待っている」

「――――」

「君の古巣だ。それじゃ一緒に」

堀場は石原という男を、遠くから見ていた。即決を求める男であり、堀場が参謀本作戦課時代の昭和八年、彼や同期の二宮義清や第三課の服部卓四郎ら十四名は、外務省へ出向している石原を参謀本部作戦課長に推し進めた一人である。永田鉄山陸軍省軍務局長、石原参謀本部作戦課長コンビを提案した。永田が陸軍の予算をにぎり、陸軍の作戦を満州事変、満州建国をやりとげた石原にやらせ「政戦両略」の立場から陸軍を変えようという構想である。

永田・石原コンビは、昭和八年、若手三十一期から三十四期の将校グループの間でも主張されていた。しかし、永田・石原コンビがスタートするのは昭和十年八月一日付とズレ込み、若手将校グループが主張した構想は二年後に実現する。提唱者の一人が堀場だったことを、石原はとうの昔に知っていた。だが、まだ、会ったことはなかった。

昭和十二年三月一日の報告会で、堀場は、さもありうるだろうと、これまでの調査記録から、モスクワには二十三個師団、ポーランドに三十三個師団、ドイツに三十六個師団、ウラルに七個師団、南コーカサスに六個師団、極東へは十七個師団が送り込まれていて、モスクワからウラジオストックまでのシベリア鉄道の輸送能力まで、統計数図で詳細に報告した。

参謀本部がどうしても掴《つか》めなかったのはソ連軍の後方部隊のことだった。ソ連軍の総動員体制がどのようなものか、の核心に触れた堀場報告は、全員に感動を与えた。石原は腕を組み、口をへの字に曲げ、眼はギラギラと輝き、そして大きく頷いて聞いた。

堀場はこう言って今後の予想を語った。

「――結論を申し上げれば、ソ連の第二次五ヵ年計画完遂の時点で、ソ連の対外戦略軍備は一応完成します。またナチス・ドイツを中心とします欧州情勢ですが、昭和十七年頃までには、第二次大戦が発生する可能性が高く、少なくともわが国も対ソ国防力を強化しなければならないと思います。

なかでも、製鉄や石油生産、軍需工場の個別的生産は――」と図表で示して説明すると、全員が、日本の余りの立ち遅れに呆然とした。

この時から、陸軍中央部は対ソ連観を変え、宮崎機関の「日満産業五ヵ年計画」を実現させ、少なくともあと十年間はじっと耐えて戦に出ないまま、国力をつける方向に進む。

3

「日満重要産業五ヵ年計画」の方針は、「昭和十六年を期し、計画的に重要産業の振興を策し、以て有事の日、日満及び北支に於て重要資源を自給し得るに至らしむると共に、平時国力の飛躍的発展を計り、東亜指導の実力を確立す」という骨子である。

内容には日満両国の重工業を中心に産業界を発展させ、軍備を近代化させ、ソ連軍が手を出せないほど、充実したものを造り上げることにあった。

一例をあげれば、航空機、戦車、自動車、船舶を増やし、機械化するもので、具体的な目標は、軍用航空機一万機、自動車十万台、電力約一二五〇キロワット、石炭一億千万屯、予算総額八十五億円という計画である。

昭和十六年までにこの計画を完成すれば、陸軍の兵力は九十個師団、正規軍六十個師団、騎兵三十個師団、航空機二百五十中隊（三千機）を基幹とする機械化軍団が完成される。

海軍の兵力は艦隊が現有勢の約二倍、海軍航空機は陸軍と同等とする。

なお関東軍の兵力は、ソ連極東軍の三分の二を実現し、残り三分の一は技術でカバーする方針を決めた。

計画では昭和十二年度より十六年度に至る五ヵ年間を第一次とし、さらに第二次五ヵ年計画をも予定していた。つまり昭和二十一年までは絶対に戦に入らず、満州の資源を開発して経済と国力をつける大方針を決定している。とりあえずは十二年から十六年度までの第一次五ヵ年計画の実現化だった。

石原は、さらに当時をこう語っている。

「――この宮崎氏の研究の要領を聴き、私も数年前自由主義時代、帝政ロシア崩壊時代に百万の軍隊を動かさざるべからずとせば、日本は破産のほかなく……と日本の戦争力を消極的に見ていた見地を心から清算した。

すなわち日本は断乎として全体主義的建設により、東亜防衛のため米ソの合力に対抗しうる実力の養成を絶対条件と信じ、国家が真に自覚すれば、その達成は必ず可能なるを確信するに至ったのである。

経済力が極めて貧弱で重要産業は殆ど米英依存の現状にあった日本は、至急これを脱却して自給自足経済の基礎を確立することが第一の急務なることを痛感し、外交、内政はすべてこの目的達成に集中せらるべく、それが国防の根本であることを堅く信じて来たのであるが、満州国は昭和十二年より計画経済の第一歩を踏み出したものの、日本は遂にこれを着手するに至らないで、支那事変を迎えたのである……」

だが、日華事変に深入りどころか不拡大方針を打ち出して上海への派遣に反対した石原の第一部作戦課の決定は、参謀本部内部で潰されることになる。

十二年七月七日盧溝橋に端を発した日華事変は、石原の第一部戦争指導課が必死になって喰い止め、不拡大に努力したが、この事件に便乗して華北問題を実力行使で一気に解決しようと陸軍省軍事課（田中新一課長）と、石原の膝元の参謀本部第一部第三課長の武藤章の一派が拡大に火をつけたのである。

また関東軍の東條英機参謀長らは陸軍省に強硬に働きかけ、拡大派を支援した。派兵はしない方針の戦争指導課は七月十日、次のような用兵規模を立案した。あくまでも情勢によって実力を行なわなければならなくなった場合の立案である。

一、十五個師団の同時動員。
二、軍需動員準備量本部同時発効。
三、作戦地域を黄河以北に限定し、情況によって上海方面を含む。
四、作戦期間は約半年。
五、戦費五十五億円。

作戦指導課長の河辺はこの五項目をクリアしなければ半年での解決には持ち込めないと、第三課の武藤章作戦課長に喰い下がった。

盧溝橋事件は中国共産党の兵が訓練中の日本軍に実弾を撃ち込んだことから、あわや交戦状態になるところだった。中共軍が仕掛けた罠にはまったのである。

支那駐屯軍の司令官は田代皖一郎中将である。満州事変のときは南京の日本大使館武官で、「これは大変だ。世界戦争に発展する、やめさせなければ」と言って南京から奉天に飛び、板垣征四郎、石原莞爾らに不拡大を強硬に主張した。ところが二人のものすごい見幕に圧倒されて南京へ引き返した。今は逆に、不拡大役が石原で、現地司令官が田代である。

石原は七月十日の夜から部長室に簡単なベッドを持ち込むと、泊り込んだ。作戦班全員にも泊って待機するように命じた。

この日から参謀本部を追われる九月二十七日まで、石原は自宅には帰らず、部長室で寝泊りした。すでに中央部以外からも「出動」要請がくる。例えば、のちに石原が絶交する関東軍植田謙吉司令官名で、「北支ノ情勢ニ鑑ミ、独立混成第一旅団、独立混成第十一旅団ノ主力、航空部隊ノ一部ヲ以テ直チニ出動シ得ル準備ヲナシアリ」の電報が届いた。勿論関東軍の東條英機参謀長が考えた要請である。

また朝鮮軍参謀長からも、今井清次長宛に、「北支事件ノ勃発ニ伴ヒ第二十師団ノ一部ヲ随時出動セシメ得ル態勢ヲトラシメタリ」の電報が届く。

参謀本部は、その準備そのものは是認したが、出動には応じなかった。しかし十一日、閑院宮参謀長は葉山に静養中の天皇に伺い、北支派兵に関して裁可をいただく。天皇は「万一ソ連が後から起ったらどうするか」と念を押して訊ねられ、閑院宮も「ソ連が背後からくる」ことを想定して、支那駐屯軍司令官に、関東軍の第一旅団、飛行集団の一部を指揮下に入れる旨を伝える。

この盧溝橋事件について国民一体で抗日戦に出た蒋介石は「日本軍の行為は計画的挑戦で、不法の極みである」「日本軍は挑発に出てきた。いまや応戦を決意すべき時である」と戦時体制をとり、「第一線百個、予備軍八十個師団を編成、兵員百万人、軍馬十万頭、六ヵ月分の食糧を準備する」と発表した。

陸軍省では病に倒れた田代司令官に代わり香月清司教育総監部本部長を就任させ、三個師団の派遣を準備した。しかし石原は近衛首相と蒋介石の直接交渉を仕掛けていて、外交で片づける方針だった。だが、近衛が動かず、七月二十日の部長会議では、ついに武力行使決定となる。それでも石原は日高代理大使と王外交部長との会見に賭けた。

二十一日。現地に派遣していた参謀本部の中島鉄蔵総務部長、陸軍省の柴山兼四郎軍務課長らが帰国報告した。報告では「現地は静穏。むしろ東京が前線ではないか」と皮肉った。中央部だけが騒ぎ、派遣を決めていたことになる。はたして誰が火種を持ち込んできたのか。

後日判明したところでは、天津軍が「支那軍の北上」のガセネタを、日本に伝えたことにあった。情報の誤りが、陸軍ばかりか、海軍また天皇までも巻き込んだ。

こうして七月二十二日の部長会議で、内地部隊の出兵は見合せることになる。

4

こうして一難は去った。

ところが八月に入り、中国軍は上海事変協定を破って上海の非武装地帯に入り、ドイツ顧問団指示のもとに要塞を築きはじめた。なかでも共産党系を中心とした中国軍は上海市街に近づき、上海は一触即発の状況となる。上海では岡本季正総領事が居留民に対し租界地に退避するよう、色々なルートで指示した。

陸戦隊員は当時わずか四千人。大山勇夫海軍中尉は部下と二人で非武装地帯の偵察に出かけた。そのさい中国軍の保安隊によって射殺されるという事件が発生した。石原が予測したように、中国軍の挑発は北京から次第に南へと移り、ついには日本海軍が駐屯する国際都市上海で起きた。

海軍は南京政府に対し、停戦協定内における中国軍及び軍事施設の撤退を要求した。だが中国側は八月十一日夜、逆に上海付近に五万人の軍隊を近づけてきた。これを迎え撃つ海軍の陸戦隊はたったの四千人。

軍令部は陸軍に出動を要請したが、杉山陸軍大臣は、梅津次官及び参謀本部の中島総務部長、石原第一部長の会談で、海軍の要請にどう応えるか協議する。席上石原は「動員はできません。上海の居留民は海軍でやればよい」と反対した。しかし居留民保護は急を要し、結局二個師団を内地から派遣することで一致する。このときから、陸軍は海軍の跡始末に引きずられることになる。

八月十四日。ついに中国軍は上海の陸戦隊を攻撃した。最初にアメリカ兵の空軍機が上海に奇襲をかけ、陸戦隊本部は爆撃を受ける。この時上海市民たちが多大な被害を受けた。

翌十五日、蒋介石は南京から総動員令を下した。日本軍は台湾及び長崎の大村、済州島から渡洋爆撃をとり、上海ではなく、南京、南昌、漢口を爆撃し、ついに日中両軍は全面戦争に突入して行った。

陸軍は八月十五日、第三師団（名古屋）、第十一師団（琴平）の主力で上海派遣軍を編成し派遣させた。軍司令官は松井石根大将（九期）、参謀長は石原と陸士同期の飯沼守少将である。

石原は飯沼に「他言は無用だぞ」と言って、肚のうちを次のように打ち明けた。

「その時期に上海方面軍に第三師団のみを残して、他を北方に転用し、方面軍を編成し北支に徹底的に目的達成の手段を講じ、一方対ソ開戦の急に応じ得る如く兵力を配置したい」

「対ソ関係のため、上海派遣軍の兵力編組は最小限にしてある。したがって作戦は相当困難になるものと思われるから、参謀本部としては細部は指示しないから思う存分やれ」

しかし、海軍はボケッとしていて上海の敵情偵察は全くなっておらず、陸軍は苦戦した。予想以上に強固なドイツ式要塞が築かれていることを海軍の情報部は把握していなかった。江湾鎮の線は取れると言っていたが、実際には呉淞鎮まで、中国軍は出てきていた。海軍による上陸地点の確保もできておらず、陸軍上海派遣軍は二万人近い死傷者を出し、事実上の敗北だった。

石原は苦境に立たされた。

八月二十一日にはソ連と中国の間に「中ソ不可侵条約」が結ばれ、ソ連は中国援助に出る。日本を戦わせて疲労させ、その間中国共産党の勢力を伸ばせる機会を担った。九月四日までに分ったソ連から西北ルートで中国に渡った武器は、戦闘機七二機、爆撃機五四機、偵察機二〇機、その他戦車、大砲、爆薬多数が庫倫経由で中国に送られた。

上海に苦戦した軍令部総長は九月六日、「上海の陸上戦闘は遅々として進まず、陸軍兵力の増強が必要であると上奏した。陸軍の武藤章の第三課が上海増兵案を起案し、石原は上陸が難航している状況から「増兵やむなし」と断念し、同意した。

この結果、上海には新たに第九・十三、百一師団など台湾守備軍を増派することを内定、後備歩兵四個大隊を派遣することになる。

石原ひとりが反対していたが、上陸難航の大勢下では状況が大きく変わり、増兵に踏み切る。その一方で対ソ連関係がますます不安になる。上海に三個師団増派で羅店鎮から南市の線を確保したら一部を満州に派遣する、北支で保定を確保すれば、一部を残して満州に派遣する方針を、軍令部に説明した。

ところが軍令部は、秘かに軍令部総長を使って、天皇に三個師団の派遣を要請させた。海軍の失敗が大事態になる。このため石原の面子は丸潰れとなった。

更に状況はますます悪化し、ついには石原作戦部長の更迭に発展する。陸軍省は参謀本部の機構改正と人事異動に出た。次長には多田駿が、二部長には渡久雄に代わって本間雅晴がなった。本間は親戚関係の武藤章を支持し、石原を突き上げ、追い出す結果となる。

石原が作った第二課の指導課は班に格下げされた。彼が抱いた「産業五ヵ年計画」も着手の段階で挫折することになる。石原は海軍の東伏見宮総長が頭越しに天皇に進言したことが分かった時点で辞意を考えた。また陸海合同の大本営本部がない頃で、陸海は対立していて、海軍にしてやられたからだった。

「石原更迭」の噂は参謀本部から陸軍省内に走った。戦争指導課の河辺や稲田正純、今田新太郎、それに堀場一雄ら課員四人は、背筋が凍るような思いがした。

「石原部長はどこへ？」

「うん。関東軍副長らしい」

「なに？　東條英機参謀長の下か。死ね、ということではないか」

「ひどい人事だ。後任には四部長だ」

「武藤大佐は？」

「上海方面軍の副長が決った」

「参ったな。日本は終りだ——」

参謀本部の異動は早い。辞令が出たら、即席を退ち、次の赴任先へ行かねばならない。送別会などやれる時間はなかった。しかし石原の場合は、九月二十九日午後六時から、麹町の宝亭で送別会が行なわれた。

石原はその席で、満州に赴任することになった動機を、満州事変当時を追懐談を混じえて語った。しかし、会場は葬式のように湿っぽく、そして暗かった。

すでに彼の異動はみんな知っていて、石原が作った第二課の部屋に挨拶にきたときは、高嶋辰彦少佐に、

「オレもとうとう追い出されたよ。あとのことは、くれぐれも宜しく頼むぞ」と寂しく笑いながら去った。

宝亭を出ても、誰ひとり見送る者はいなかった。余りのショックで、彼らは宝亭の前でただ頭を下げるだけだった。

石原はその後間もなく、同期の平林盛人少将の家を訪れ、五人で会食した。平林は八月二日付で第十六師団参謀長から満州国軍の軍政部最高顧問に転任していたが、この頃は石原のことが心配で、陸士二十一期の四人は、千葉の平林の家に集っていた。石原はそこで、満州の近況を平林から聞いた。

また満州国の大使からも、満州人の生活や不満そして要望を聞く機会を持ち、本当の五族協和の満州国再建の決意を固くしている。

石原は平林に、こう語っている。

「オレは陸軍における最後のご奉公の覚悟と決心で満州に行く。世界最終戦になる」

そう言って四人に、「近世戦争進化景況一覧表」を広げて見せた。それは戦争を哲学的に述べたものであった。要するに、彼は宗教的、歴史的、科学的、戦術・戦史的に総括された一大信念の下に、満州の関東軍参謀副長の新任務につかんとしていた。

また後談になるが、阿南惟幾人事局長（当時）は石原を関東軍に出したことについて、「今にして考えれば、有為の石原を、東條参謀長の下、不遇の地位に追い込んだことになった」と語っている。

しかし、左遷された石原の決意は固かった。多分に孤軍奮闘になるだろうが、満州建国当時に戻して、満州国を独立国として国連に認めさせる夢がある。それだけが唯一の励みで、そのためにあえて犬猿の仲である東條のの下に行くことになった。

第１章
満州丸

1

　さき程まで、別れが辛くて泣いていた満州開拓団の一行は、寒さに耐えられず甲板から船室へ下りて行った。

　満州丸の甲板に立っていた参謀服姿の石原莞爾は、本土が気になって、船尾の方を振り向いた。今しがたまで見えた佐渡も日本の陸地も、小山のような海の畝の波に呑み込まれて見えない。墨色をした海の波飛沫が粉雪となって波間に散る。それに数十羽の海鳥が群がっていたが、それら海鳥たちの姿も見えなくなった。

「今度ばかりは生きて戻れまい。これが最後のご奉公だろう。この海も、見納めになるだろう」

　誰に言うでもなく、石原は、すっかり禿げた頭に手をやった。これから赴任するために着込んだ陸軍参謀服の襟を立てると、覚悟の意味で参謀飾緒をそっと撫でた。

　しかし甲板に立っても、彼の耳朶には、つい二週間前の激論のやりとりが折りに触れて、打ち消すように首を振ってみたものの、忘れようとしても、怒号が蘇ってくる。

　情報担当の第二部と石原の膝元の作戦部第三課は、陸軍省軍事課と共に「支那打っべし」と怒り立って、反対する石原を糾弾した。

　あの時、石原は武藤章作戦課長と支那課長の永津比佐重大佐らに、なぜ戦争拡大に反対するか、その理由を、

「支那は広いぞ。持久戦になり、ドロ沼に足をとられて退くに退けなくなる。支那のうしろにはイギリス、アメリカ、ドイツの顧問、中国共産党を操るソ連がいる。いいかい。国共合作というが、蒋介石の国民党と毛沢東の中共軍とは水と油だぞ。蒋介石の本当の敵は毛沢東の中共で、これは支那の内乱だ。日本が支那と戦うということは、抗日戦を戦っている中共軍を助長させるだけだぞ」

　故意に語意を強めて、説得した。しかし武藤はカカッと笑ったあと、

「そんなことはなかですたい。支那人はこっちが弱腰になると図にのる奴らです。短期決戦で叩き潰すに限ります。海軍と一緒に、青島と天津から上陸して、奴らを黄河の向こうまで追い払うことです。梅津・何応欽協定を蹂躙したのは奴らの方ですぞ」と反論した。

「しかし君も知っての通り、蒋介石はアメリカから武器と飛行機を購入している。西安の特務機関員からの報告では、ソ連機も訓練しているとのことだ。オレたちは、誰と戦うことになるか、君には分るだろう？」

「郎坊事件といい、通州大虐殺事件といい、私らはもうガマンの限界ですよ」

「蒋介石の中央軍ではなく、共産党系の学生や二十九軍のはみ出し兵たちの策に嵌《は》まっていい

と思っているのか！」

「すでに海軍は、上海にまで飛び火するので、漢口の邦人や上海の邦人を引揚げさせる準備に入っていますたい。打つ手が遅すぎる」

「この戦に入ったら、日本は台湾も満州も千島列島も朝鮮も失うことになるぞ。そうならないため、オレは近衛首相か広田外相かが南京に行って、蔣介石と会談するように、風見書記官に頼んでいるが、首相は痔病が悪化したといい、広田は陸軍の意見が割れていては会談にならん、と言って逃げやがったよ」

「外交じゃ片はつきません。一ヵ月で叩き潰すまでです！　持久戦にはならんです」

「ソ連が満洲に攻め込んだら一溜まりもないぞ。先人に顔向けできるかい」

「そのときは河北に、あなたがやったように第二の満州国をつくればいい。臆病になったんですか？　あなたが反対するから、時間がたって行くんじゃやないですか。奴らに嘗められるんですよ」

　石原は腹にすえかねた。そしてついに怒鳴った。

「武藤君！　君が辞めるか、オレが辞めるかだ！　それしか道はないぞ！」

「なにを、バカげた！」

　しかし、陸軍省は参謀本部を無視して、内地師団の動員を決定し、七月二十七日、天皇の裁可を得て、逐次動員を下令した。

　蔣介石の国府軍は、北支分治政策のため北支に侵略してきた日本軍に対して、北京の南の保定まで中央軍を進めた。ついに七月二十七日、日本の支那駐屯軍は、北京と天津の間に駐屯している中国の二十九軍を攻撃し、盧溝橋のある永定河の北部を確保した。盧溝橋事件から二十一日後のことで、すでに外交による交渉は断たれ、日中間の戦火は上海へと飛び火した。

石原の少数意見は押し切られ、海軍中尉大山勇夫が上海の虹橋飛行場近くで中国軍に射殺されたのをきっかけに、八月十二日第二次上海事変へと発展した。松井石根大将を司令官とする上海派遣軍の派遣をめぐっても、武藤は満州の守備を考え、陸軍省の五個師団派遣を主張した。石原は戦火が広がらないよう、まだ外交ルートでの交渉に望みをかけていた。それにはトップ会談しかなかった。

二度目の、「近衛・蒋介石会談」を、書記官長の風見章を通じて働きかけるが、近衛首相も風見も、和平交渉に向けて立ち上がろうとはしなかった。風見はついに立場を忘れ、

「軍が犯したことを、政府が尻拭いできるか！」と、石原からの電話を切った。

当時の石原は、持病の膀胱腫瘍に苦しんでいた。盧溝橋事件以来、休みもなく出勤し、排尿が悪く顔がむくんでいた。七月二十七日、日中両軍が交戦してからは、参謀本部の部長室に鉄パイプの簡易ベッドを持ち込み、参謀本部を追われる九月二十七日まで寝泊りが続いた。

戦火はついに北京の西北と南の保定、徐州へと拡大して行った。石原の不拡大方針は押し流され、戦となると勝つための戦闘序列を編成し、北支と上海方面で全面戦闘に入ってしまった。各地で作戦が展開され、日本軍はドロ沼から足が抜けない状況になる。彼は参謀本部から各地の方面軍司令部に作戦を指令するが、その一方では、いつか外交で和睦する機会を窺っていた。

それが日中のトップ会談である。残念ながら痔病に苦しむ近衛首相が、手のひらを返すように、せっかく参謀本部が蒋介石との連絡をとり、羽田からの特別機まで用意したにもかかわら

ず、病気を理由に辞退してしまった。

２

石原が参謀本部作戦部長辞任を固めたのは「近衛・蒋介石会談」が破談になった後のことである。

病床に伏したままの今井清に代って参謀次長に就任したのは多田駿中将であったが、石原は上司の多田に辞意をもらした。

しかし各方面で作戦が展開され、多数の死傷者を出しているさなかの、当の作戦部長の辞任は、中国ではなく、満州攻めを狙っている極東ソ連軍の思う壺だった。多田次長は陸軍省人事局長の阿南惟幾少将には相談せず、石原に思いとどまるように説得した。

九月七日は、上海派遣軍が上海に到着し、ドイツ顧問団によって築かれた厚いコンクリートの要塞がびっしりと横列した敵陣地の前に釘づけとなって上陸も前進もできず、各上陸地点で戦死者が続出した日である。

この思いがけぬ苦戦で、石原は三個師団の追加増派に迫られた。頑強な抗戦の前で、貧弱な装備の日本軍は一歩も前進できずにいた。

石原は作戦会議室の床に二万五千分の一の地形図を貼りつけ、全員が集って戦況を確認し、その場で作戦を指導した。前線からは次々に電報で戦況が報告される。地図には敵陣を赤で、日本軍を黒で、ちょうど魚の鱗状に半円を描いた。日本軍が前進すると赤い鱗を消してそこに黒い鱗を書き込む。

　上海戦は海軍が引き起し、陸軍が派遣された戦であったが、突然の事変に陸軍は準備不足だった。それに海軍の敵陣調査も甘く、陸軍には情報を伝えなかった。

　上海から上流の漢口まで、日本人居留民の保護のために派遣した陸戦隊四千名は、陸軍が到着する以前に全滅していた。この広い中国で、全面戦争だけは絶対に避けねばならなかったが、揚子江の北と南に分散しての戦いは、持久戦の始まりだった。石原は、第九、第百一、第十三師団、それに台湾軍から重藤支隊を上海戦に送り込んで、釘づけ状況の前線突破に賭けた。

「だから最初から五個師団を派遣すべきだと言ったではないか！」

　陸軍省や参謀本部の課長たちは、責任者である石原を責め、非難した。三十個師団しかない陸軍の殆どが、満州、北支、そして上海戦に送り込まれ、内地には三、四個師団しか残っていない。

　第百一師団は後方支援が目的の招集兵で構成する雑兵隊で、教育も装備も不充分だった。その殆どが四十すぎの一家の主たちだった。

　石原が責任をとって参謀本部作戦部長を辞任したのは、その日の九月二十七日である。多田次長は、石原の顔が浮腫《むく》んでいることから、休養が必要だと思い、阿南人事局長に電話で相談した。阿南と石原は陸大の同期で仲が良かった。多田は仙台出身で、幼年学校の先輩と後輩の仲である。

「休養が必要だ。どこか、閑職に回そう。舞鶴要塞はどうだ」

　多田が言うと、阿南は「参謀本部付にしている方が対外的によいと思う。後任は四部長の下村定少将ですな」と提案した。

　舞鶴とは、京都舞鶴要塞司令官のことで、海岸の警備という閑職である。景色を見て暮すだけの仕事で、病気を癒すには最適だった。

　ところが、石原本人は、満州再建のために新京に行きたい、と希望を述べた。その話を多田から聞いた阿南は、電話で怒鳴った。

「お前、何も東條のいる関東軍に行くことはないだろう。舞鶴で治療に当たり、静養した方がいいぞ」

　すると石原は、

「満州は危険な状態だ。オレが行って再建する。役人と軍人が威張りくさっている。五族協和どころか、こりゃ植民地ではないか。オレの体は二、三日休めばなんとかなる」

　笑って、その場を繕った。

「お前のことだ、東條とケンカになるぞ」

「上等兵は作戦ができない人だから、オレが必要だ。それにソ満国境の警備を把握しておきたいのだ」

「しかしな。笠原が副長就任したばかりだぞ。本人もヤル気満々だ」

「彼には協和会は救えないぞ」

「何度も言うけど、犬猿の仲のお前が、何もとび込んで行く所ではない。ま、お前が作った満州だ。日本は満州経営だけで充分だからな。笠原にはオレの方から言っとく。ドイツに行きたがっていたから、本部付けで足止めしておこう。梅津次官がダメといったら、それまでだぞ。

それより病気を治療しろよ」

　こうして石原の満州赴任が決った。

　九月二十七日付の人事異動では、世にも珍しく二人が同じ関東軍参謀副長になった。先に笠原幸雄少将に辞令が渡されたが、午後になって石原に変った。笠原は、参謀本部のロシア課長で、第二部長渡久雄少将が病気静養のため第二部長を代行していた。七月二十一日付で本間雅晴が就任すると、笠原は少将のままロシア課長という異例の人事となる。その笠原に代って石原が、参謀長東條の下で作戦を担当する関東軍参謀副長に就任した。

　石原の満州赴任は、陸軍省内や各地の前線司令部で噂になった。

「あいつは北支事変、上海事変の作戦をミスしたから、最もイヤな東條の下に送り込まれたんだよ。ザマア見やがれ。北支事変のとき、不拡大なんか言わずに、さっさと内地から陸海軍を送り込んでおれば、一気に片がついたはずだ。外交に頼るからこのザマだ」

　という声も聞かれた。

　しかし当の本人はそうではなかった。

　石原は日蓮誕生の地、千葉県安房小湊で静養すると、本堂に入り、満州国再建を誓って祈り続けた。その日、小湊駅からトランク一つを抱いて、その足で上野駅に出た。そこから上越線に乗り、一度山形県鶴岡市の先祖の墓参りをした。

3

上野駅ではもう一人、別の車輛に隠れて乗り込んだ男がいた。長く石原を担当した朝日新聞記者、田村真作である。彼は政治部記者だったが、陸軍を担当するようになってから、石原のアジアの独立と政治の独立をテーマにした東亜連盟運動に参加するようになる。

田村は石原と向かいの席に座ると、石原の談話をメモした。新聞記事にはならなかったが、しっかりとメモし、戦後結核病で亡くなる前に文藝春秋七月号に、そのときの石原の言動を、こう書き残している。

「石原さんの顔はさみしそうだった。石原さんはながいこと黙って車窓の景色を眺めていた。日本は、樺太も、朝鮮も、台湾もなくなる。本州だけになる……それでよい、まだまだ日本の山河は開発できる。あの山の下に何があるか、まだ分っていないからな。

どうして日本人はやたらに、人のものをほしがるのだろう。自分の家の庭と隣の家の庭をのぞいて見くらべて、自分の家の庭より隣の家の庭の方がよい気がする。そうすると、もう他人の家の庭をやたらにほしがる」

「日本が対支外交で、どんな上手な言葉を使ってみたところで、目の前に今のような満州国の有様を見せつけられたんでは、中国の民衆が馬鹿でない限り、笑って相手にしないのは当りまえだ」

石原は窓から外を見ながら語っている。

田村も、大宮駅で下りた。プラットホームから石原を見送った。その足で上り列車に乗りかえて東京に戻った。石原と会うのは翌年の春で、その間の石原の行動は知らない。しかし彼にも、東條軍閥に取り囲まれ、孤立している様子が想像できた。なに分にも、作戦失敗の参謀というレッテルを貼られていたからである。

石原が朝鮮半島の東海岸の軍港、羅津《ラジン》上陸をとったことには理由がある。満州の東、延吉から国境の川、豆満江沿いに朝鮮の北部に入り、低地を縫いながら日本海に出る軍事鉄道の完成度合を見るためだった。終点の羅津港から商港の清津《セジン》港へは船で南下できる。羅津は軍港専用だが、満州への近道で、移住開拓団にも便利だった。

この鉄道は、満州事変が始まる二年前、石原が当時の満鉄副総裁の松岡洋右を口説いて開通させたものである。石原中佐が作戦参謀として旅順にあった関東軍司令部に赴任したのは昭和三年十月で、その頃から満州と日本を結ぶ近いルートを捜した。

九州や関西方面へは、大連港から門司、下関ルートが近いが、北海道の小樽や函館、新潟や敦賀港へは北朝鮮の清津港からの船積みが早い。

北満の大豆など穀物類の搬出には、哈爾濱《ハルピン》駅、新京、吉林、延吉、清津のルートがある。しかし新京で一度積み換えが必要になる。荷崩れなどで積荷がこぼれ、清津港に着く頃には半分になっていた。

石原と松岡は、清津港から山越しに延吉に出たあと、延吉と吉林市を結ぶ京図線の拉法駅から哈爾濱駅に北上する拉濱線を、牡丹江《ボタンコウ》駅へ出る近道として図們《トモン》市と羅津を結ぶ図佳線の鉄道建設を急がせた。

羅津は、海岸線の水深は深いが、海岸に山が迫っていて平地が少ないのが欠点だった。しかし石原はソ連のウラジオストックの艦隊に睨みを利かすため、羅津を軍港と商港兼用にすることを思いつく。

豆満江は高低差がなく、流れは緩やかである。図們から向こう岸に橋を架けると、そこからは豆満江に沿って裾野にレールを敷くだけでよかった。工事費も少なくてすんだ。

工事中、彼は何度か現場を見た。そこでは朝鮮軍の師団が警備に当たっていたが、山越えの延吉・清津港を結ぶ鮮鉄咸鏡線よりも短時間で図們市に入れるので、彼らの方が急いでいた。

鉄道は昭和六年九月十八日の満州事変前に開通していた。拉濱線も開通し、哈爾濱から北安に出られる。そこからソ満国境の最北端の基地、黒河につながる。ちょうど、黒河から哈爾濱経由で斜めに満州の大地を突っ切り、日本海に出るようなものだった。

また西満州の国境の街、満州里からは、濱州線で哈爾濱に出られるので穀物類や軍用機材等及び軍人輸送は乗りかえなしで移動できた。

軍専用の鉄道は満州事変後、網のように建設され、日本からの入植者たちは清津と羅津港から牡丹江や依蘭、佳木斯《ジャムスン》などへと入って行った。

しかし石原には、軍港羅津の築港や基地の町がどれ程整備されているか心配で、現地入りしたかった。参謀本部の作戦課長になった翌年の二月には二・二六事件が発生するが、それから間もなくして、羅津にコンクリート五階建ての軍人専用兵舎、民間人専用のビル建設を進めておいた。海岸と背後の山との間は狭いので、軍人や開拓団の収容宿舎の建設をも急がせたが、その後、東條英機中将が関東軍参謀長になってから、朝鮮駐屯の師団とうまく連絡がとれた様子ではない。

石原は、新潟港に見送りにきた人たちに、「日本と満州間の輸送ルートは日本海中心となる。穀物類や兵器輸送も短縮される。今日は自分の眼で確かめに行く」と語ったが、しかし、彼の肚の中には、もうひとつ重大な問題を抱えていた。それは昭和六年九月の満州事変後に民間人の間で結成された満州協和会の再興である。

満州協和会は、于冲漢など反張学良の満州知識人と、小沢開作など満州青年団連盟の間で五族協和のもとに結成された国家戦略局で、会長には満州国の総理が就任した。日・満・漢・蒙・鮮の五民族の協和と協力で理想国家を建設するもので、各大臣にはそれぞれ五民族の中から起用した。

関東軍は政治、経済には関せず、満州国の治安に専念するのが石原の考えで、アメリカ合衆国がヒントにある。なかでも各国の人種が住むカリフォルニア州がモデルでもあった。

ところが日本からの官吏が送り込まれるにつれて、次第に植民地政策に変わっていく。各民族が発行していた通貨を、満州国通貨に一本化したり、司法制度を改めて法治国家の形をつくり上げた。そこまではよかったが、しかし、溥儀が執政につくと、満州の協和制国家は崩れて行った。

石原と本庄繁関東軍司令官は、帝政には反対し、五族協和による民本主義の協和国家でひとまず出発した。ところが日本政府と陸軍省は、溥儀を担ぎ出して執政につけた。すると溥儀の取りまきには清朝から十一代目にあたる溥儀を皇帝にいただこうという腹があり、日本軍の武力を利用して、いずれ十一代清朝皇帝の復辟を図って同意した。

本庄と石原及び参謀たちは溥儀擁立に反対したため、その年の八月の人事異動で、一人の参謀を除いて関東軍首脳部全員が更迭させられた。これから満州建国に入ろうと具体的な構想に入った矢さきの突然の更迭である。

満州青年連盟が中心となって設立した五族共生の協和会は、菱刈隆軍司令官、小磯国昭参謀長に呼びかけて、五族協和国家に協力し始める。

だが、昭和十二年春、東條英機満州国憲兵司令官が関東軍参謀長に就任した時点から、植民地政策に切り替わった。参謀第三課は、満州国の政治、経済政策を指導することになり、協和会の人事も関東軍第三課がにぎった。

甘粕正彦が協和会の総務部長になるのも、こうした東條中心の関東軍の人事権と圧力からくる。かつての、当初の協和会役員及び各支部長はその地位から外され、日本人が牛耳っていた。石原はこうした協和会崩壊の姿を、満州からくる協和会員たちの訴えから知ることが出来た。

彼は、満州に入ると、先ず協和会の組織を本来の五族協和主義に戻し、国民党の蒋介石が羨む満州国づくりに、意欲を燃やしていた。

形の上からは、左遷人事に見えるが、石原の内心は穏やかではなかった。すでに彼は各支部長名を決めていて、また関東軍の政治指導を取り払う肚をも固めていた。

4

一夜明けると、日本海は凪《な》いできた。風はなく、揺れも止った。まるで湖上を航海しているみたいだった。二等デッキに出ると、朝日に向かって合掌し、それから朝夕の二回、日課になっている日蓮宗の経典を声に出して読経した。

彼の太いダミ声は、毎朝六時の読経による。太いダミ声で機関銃のように喋られると、相手はほとほとに参った。皮肉ったり、茶化したりするので、聞く方は爆笑するが、茶化された本人たちは傷ついた。しかもそのいずれの説話、持論が、彼の予見通りになるので、参謀本部員や陸軍省の若い将校にいたるまで、石原に脱帽した。

しかし彼がこれから向かう関東軍は、さながら敵陣のようなもので、東條参謀長の軍閥で占められていた。四十八歳の石原は、放っておけば尿毒症となり、膀胱ガンにもなる持病を抱えている。「五十歳まで生きれば思い残すものはない」と、満州に骨を埋める覚悟さえする。

かすかな望みは、石原が陸軍大学教官をしていた時の教え子の片倉衷大尉が、満州国政府を指導する第三課長になっていたことである。

片倉は満州事変のときは関東軍参謀でなく、まだ事務官だった。事変後に組織が東京の参謀本部にならって課制度になる。その時、奉天に向かう車中で参謀の一人に起用された。推薦したのは上司の石原だった。

昭和十年には陸軍省軍務局にいて、満州産業開発五ヵ年計画を担当した。満州国総務部長の星野直樹に協力して内地からの資本導入と企業誘致に動いた。また同じ頃、宇垣内閣の流産と林銑十郎内閣の組閣に、林大将のブレーンの一人、浅原健三と寝食を共にして動いた功労者の一人だった。

石原が左遷人事と言われながらも、あえて犬猿の仲の東條の下についたのは、片倉を口説いて、本来の理想の満州国に戻せる可能性があったからである。さすれば開拓民も救われる。

朝食後、石原は三等船室に下りて、船内をのぞいた。暗い階段を下りると、天井に裸電球がぶら下がり、その下に満州へ新天地を求めて行く開拓民の家族たちが、畳の上でゴロ寝していた。初めて船に乗る人ばかりで、激しい船酔いで、どの眼も死んだようになっている。バケツに吐いた者も多く、船内は酸っぱい臭いがする。

軍人や商人たちは二等船室を利用しているが、開拓団は先祖の土地や家、家畜を売り払ってわずかな金を貯え、それを元手に満州の土地を買い開墾する。そのため一円たりとも無駄遣いできなかった。

食事も、出航前に二食分の弁当を持ち込み、それを家族で分けて食べていた。なかには船酔いから、何も食べられない家族もあった。

「もう少しで半島が見えてくるからな。もう少しの辛棒ですぞ」

と、ゴロ寝している老人や子供たちに声をかけながら、石原は船内をひと通り見渡すと、階段へ引返した。

船の舷側に立った。進行方向の右手の洋上を注視した。その辺りから北はソ連領海である。彼は船影を捜したが、軍艦も商船も発見できなかった。その足で反対側の舷側へ歩いて、今度は南の洋上を見渡す。がそこにも船の姿はなかった。

二等船室専用の食堂で朝食をすまして二時間後だった。石原は二等甲板の船首に立って進行方向を双眼鏡でのぞいた。ふとその時、かすかに、青い帯状の半島がかすかに見えてきた。初めて見る半島は、しかし洋上の青い帯と海面との区別ができなかった。

「間違いない。朝鮮半島だ」

と確信したのは、右端の方に、小さな突起が見えた頃だった。

「山だ！　あの辺りが羅津の松直山だ！」

石原は声に出した。

暫くすると、右手の洋上に、一点の黒いものが双眼鏡の中に飛び込んできた。よく見ると船である。黒煙を上げながらこっちに向かってくる。一瞬、ソ連の駆逐艦かと疑った。

三十分ほどすると、双方が近よるため、船の姿がはっきりしてきた。それは日本へ帰る貨物船だった。二千屯級の中型船で、よほど大量の積荷だろうか、船体の半分近くまで沈んでいる。船名も読めた。小樽第三丸とある。

暫くすると、満州丸の方から、航海の無事を祈って汽笛が鳴らされた。すると、向こうからも、航海の無事を祈ってボ、ボ、ボーと汽笛が返ってきた。その汽笛に気付いて、三等船室に寝ていた開拓団の人たちがぞろぞろと階段を駆け上がって舷側に走り出した。

貨物船では三人の船員たちが甲板に並び、こちらに手を振っている。開拓団の人たちも一斉に手を振った。すると、首まで海水に船体を沈めている貨物船から、長い汽笛が鳴った。それは途中の航海が安全だ、との知らせだった。それに応えて、満州丸の方からも、長い汽笛を返した。

貨物船の船員たちは、しきりに手を振って励ましている。甲板の先頭では、手旗信号が振られていた。満州丸の方からも、手旗で信号を送っている。

石原には大よその信号が読みとれたが、詳細な内容は読みとれなかったが、彼に判読できたのは、

「清津港より出港。大豆を小樽へ搬送中。港の治安良好。無事航海を祈る」までだった。

貨物船は擦れ違うさい、重そうに左右に揺れた。それから吃水一杯まで沈めて航行して行っ

た。

「さよなら！」

「サヨナラ、ご無事で！」

満州丸の開拓団たちは声に出して叫び、手を振った。

5

午後三時頃だった。開拓民たちの殆どが船首側の甲板に上がっていた。朝鮮半島が、海上に姿を見せていた。緩やかな山なみが続いている。左手の方は殆ど海面すれすれの位置に陸が見えるが、右前方の山は隆起して鋭角である。

石原は二等船室の上にある二等甲板から、前方の半島を双眼鏡で見ていた。正面に黒い一点が見える。清津港だろう。紫煙が上がっている。ふと背後で、

「将軍、こちらでしたか。電報が届いております」

若い、口髭を蓄えた船員が背後に立っていた。参謀服の石原が振り向くと、十文字に折った縦長の紙片を差し出した。

「ありがとう」

石原は太いダミ声で礼を言って、電報を受けとった。

「では、私は――」

「うん。ありがとう。確かに受けとった」

石原は右手で電報用紙をほぐすようにして開き、目を通した。電文は、

「ヒコウキデ　ムカエニイク　セイジンコウデ　オマチシマス　トウジョウ」とある。

読み終えると、右手で電報用紙を握り潰し、ズボンの右ポケットに突っ込んだ。

「なにが清津だ――」

舌打ちした。

眼線を前方の半島に向けたとき、半島の海岸線が見えてきた。双眼鏡を向けると、前方の清津港に係留している貨物船二隻と軍艦三隻も見える。右手には倉庫らしき建物やコンクリート三階建てのビルが現われてきた。さらに右手に行くと、白い砂浜が続き、途中から岩山に変わった。右に行くほど、海岸の建物が小さく、視界から消えた。

昭和十二年十月十一日午後一時十分、満州丸は一昼夜に及ぶ長い航海を終えて、清津港に着いた。偵察機であろう、単発の戦闘機が港湾の上を二度旋回して去った。

満州丸が桟橋に船体を横付けする頃、桟橋の上では背広姿の商社員、海軍服の軍人、陸軍将校服の軍人四人、警察官数名、朝鮮人や日本人が満州丸を見上げている。

着岸が終わると、タラップが下ろされ、桟橋に固定された。合図の笛が下の方で吹かれた。最初に軍人家族が下りた。そのあとに風呂敷包みを背負った男たちが続いた。工場関係者や五人家族の開拓民団が下りた。みんな新天地に降り立ち、戸惑った表情である。

全員が降り終えると、入れかわりに二人の陸軍将校がす早い足取りでタラップを駆け上がってきた。初めは憲兵かと疑った。

一人は朝鮮軍、もう一人は関東軍の将校だった。二等デッキまで駆け上がると、石原の前に

立って敬礼した。一人が挨拶した。

「石原副長どの。参謀長の命令でお迎えにきました」と報告した。

「中尉、オレは降りない。羅津に行く。そう伝えてくれ」

石原は二人を直視した。

「参謀長の命令で、飛行機でお迎えに来ております」

「いや、必要ない。ご苦労だった」

二人の将校は、どうしていいか分らず、互いに顔を見合わせた。石原が、

「どうした。船が出るぞ」

と下をのぞいた。

二人は慌てて挙手し、階段とタラップを駆け下りて下船した。それを合図に、下の方でピイーと笛が鳴った。

先ほどの将校二人は、唖然として、敬礼したまま石原を見上げて見送っている。石原は二人に返礼し、遠く清津の山なみに眼をやった。この辺りは、港から平地が広がり、町そのものが賑わっていた。車も人も多い。海軍服の兵隊の姿が目立つ。トラックや乗用車が忙しそうに走っている。

満州丸は新潟港と同じく、一度船尾から後進した。沖に出ると向きを北にとって航行した。左手に半島の白い海岸が続く。海岸沿いの道路を走る車が肉眼で見えた。そのうちに禿げ山が迫ってきた。朝鮮人の集落か、紫煙が上がっている。

日本の鉱山企業が鉱石の掘削に入っていて、輸送船が二隻、岸壁に接岸していた。「ちゃん

と掘削権料を山の持主に支払っての工事ならいいが、搾取同然なら強盗に等しい」と石原は鉱山を眺めながら、つい声に出してしまった。

清津港を出て一時間後に、空に突き出した岩山が近づいてきた。海岸と山が近く、殆ど平地がない。船上から見ると、猫の額ほどの平地があるだけである。

その岩山を左手に見たとき、左前方に羅津港が見えてきた。軍艦が四隻、体を寄せ合って着岸している。海岸すれすれの所に五階建ての白いコンクリートの建物が五、六棟見えてきた。七年前に、満鉄の松岡副総裁を通じて朝鮮軍司令部に進言してきたことが、実現されているようだった。それらの建物は軍関係の宿舎で、近くには家族用のホテルが二軒建っていた。

五階建ての軍人宿舎は、要塞を兼ねて海ぎわに三棟並んでいる。その奥にも四棟あった。陸・海軍が仲良く生活し、一時間先のソ連領に睨みをきかせていた。万一、日ソ戦になると最初に攻撃されることを想定して、要塞を築いていた。

ここでは水深が深いため桟橋が伸ばせないでいる。大豆を運び出す貨物船は岸に横づけして荷を積み込んでいる。満州丸も、岸に横づけした。地形は入江になっていて、波はなかった。

羅津は幸い湧水に恵まれていた。山あいから流れてくる水は軟水で、うまい。あとは築港とレールの引込みである。船上からは、小さな木造平屋の黒い駅舎が見える。プラットホームには屋根はなく、列車が停車していた。

「あれが限界だったか」

と石原はデッキから身を乗り出しながら独語を言った。

開拓団がタラップを下り始めた。みんな緊張と不安な顔をしている。老人から子供まで一家総出の移民である。入植先を書いた白い旗を持った案内人の男三人が、声を張り上げている。よく見ると、家族数では十二家族である。冬服を着た五十人ほどの老若男女である。夫は軍隊に召集されたのだろう、若い男の姿がなかった。

子供連れの一家族が旗の前に並んだ。そのうしろに、二列で並び、やがて羅津駅舎の方へ歩き出した。羅津・延吉間は昼間の三便のみで、開拓団は図們や終点の延吉で乗りかえる。

石原は左手にトランクを掴み上げると、最後に下船した。出迎える者は誰一人いない。それがかえって幸いした。

午後の三時をすぎると、早くも羅津の町には山影が迫っていた。よく見ると、兵舎の五階建ての建物は斜面を削り平らにし、そこにコンクリートを流し込んで建てられていて、それぞれが階段状である。

石原は砲台のある山まで上がった。朝鮮陸軍の守備兵たちが警戒に当たっていた。しかし彼らは石原の顔を知らず、無視した。砲台から北の方を双眼鏡で見ると、かすかに、ウラジオストック港が見える。清津港からウラジオストックへ向かう貨客船があった。ソ連領からの船も航海している。清津港周辺の要塞はすでに偵察ずみのはずで、その点、ソ連船が出入りしない羅津と雄基港は、未知の港であった。

電気は清津から山伝いに送電されているが、駅舎もレールも海岸にむき出しで、防護用壁を建てる必要を感じた。今のままでは艦砲射撃を受けたらひとたまりもないからである。

「急ぐ必要があるな」と石原は舌うちした。

第2章

刺客

1

石原が清津飛行場から新京入りしなかったことで、関東軍司令部内は、蜂の巣を突ついたような大騒ぎになっていた。

朝鮮軍の羅津分隊に電話しても、石原の所在はつかめなかった。清津の連隊からは羅津に向かったと報せがあったが、羅津からの連絡はなかった。石原と見抜けなかったのである。

その日の朝、関東軍司令部の東條参謀長室には、濃緑の協和会服に身を包んだ細顔の甘粕正彦が挨拶にきていた。色白でニヒルな表情の甘粕は、今では満州国を牛耳る協和会の総務部長である。彼は東條から機密費をもらい、謀略と宣伝活動に使っていた。

この日は、石原が満洲に来るというので、東條の心中を察して励ましに現われ、ついでに機密費をせびっていた。

「実は、副長に、石原がくることになった。笠原君に決定していたのだが、人事局長が石原を送り込む、との報せでね。彼は何といっても、満州国の生みの親だし、当地では、民間人に信望があり、仲間も多い。そこは自分もよく分っているので、石原と仲良くやっていくつもりだ。だけど、なにぶんにも変わった人物なので、自分とぶっつかることがないとはいえない。そんな時は、君が飛び込んできて、二人の仲を取りもってくれないか」

東條は、机の下から茶封筒を取り出し、会議用のテーブルの上に置いた。

「今日の費用だ。何かと必要だからね」

と言って、甘粕の方へ、現金の入った茶封筒を、そっと押した。

「分りました。私が、参謀長の意を、石原少将に伝え、誤解をとくように働きます」

甘粕は茶封筒を、内ポケットに入れた。

「飛行機で迎えに行ってるから、夕方までには着くはずだ。彼は、相当の思いで、こっちにくるだろうが、彼の意図は分っている」

「さしあたり、石原少将は副長の仕事に専念してもらい、満州の政治問題には口を出させないことです。東條さんが全員の前で明言することです」

「なるほどね。片倉にも、念を押しておくか。星野君には、なるだけ石原君と会わないように言っておいたよ。でも満州重要産業開発のことになると、石原君は立案者だから、余り強くも言えないか」

「その辺は、私にまかせて下さい。私の方で間接的に伝えておきますから」

甘粕は、含み笑った。

この二人は、憲兵出身だけに、気が合った。

甘粕は三十分ほどで参謀長室を出た。そこへ、入れかわりに、作戦参謀が血相をかえて入ってきた。

関東軍は、参謀本部を無視して、北支の張家口に関東軍を派遣させていたのである。そのことは、前作戦部長の石原に知られたくない作戦だった。

「文句を言われたら、引揚げればいいさ」

東條は、意味ありげに頷いた。

その日の夕方になって、石原が清津港で下りなかったことが分り、参謀一課の、辻政信参謀が怒鳴り声を立てた。

「副長の居所はまだ分らんのか！」

すると若い参謀の一人が、

「羅津からの列車は四時三十分発です」

と言った。

「それに乗ったのを、確認したか！　お前たちはなぜ羅津の分隊に、副長が下船することを知らせなかったのだ。迎えに行ったのは誰だ」

「清水参謀です」

「あいつはどこにいるんだ！」

「新京飛行場であります」

「すぐに連絡しろ。羅津の駅長にもだ！」

「ですが、それは朝鮮軍でないと、こちらからは直通もありませんし」

「分隊がいるだろう。調べてもらうんだ」

「連絡を入れたのですが、誰も見かけていないとのことです。多分ホテル泊りかと」

「ばか！　副長はそんな方ではない。この間抜け野郎！　多分羅津の山を歩いているはずだ！」

　そこに若い参謀がとび込んできた。

「分隊長からの知らせが入りました。駅長によると、確かに四時三十分の列車に、開拓団と一緒に乗り込んだのを見たそうです」

　安田参謀が伝えると、辻は丸い眼鏡の奥から鋭い眼光で睨みつけて言った。

「バカモノ！　副長の身が危ない！　開拓団と一緒じゃ、匪賊に狙われる。万一のことがあったらお前らのクビではすまされんぞ。誰か図們分隊に電話して、警護に当たるように伝えろ」

　豆満江の上流を挟んで、西が朝鮮で、東が満洲国である。豆満江に沿って図們の町が広がっている。ここは関東軍十二師団（久留米）の分隊基地で、日本人と朝鮮系満人が住んでいた。

　図們駅と羅津駅間には二十の駅があるが、いずれも軍関係の駅で、分隊は羅津線の警備にあたっていた。朝鮮人の集落はなく、またゲリラの活動もない。

　河口の日本海寄りの対岸はソ連領で、途中から陸続きで満州領になる。肉眼で見える距離だが、豆満江を渡って朝鮮領に入るゲリラは見つかっていない。それは駅の間隔が短く、その上殆どが軍施設になっていたからである。

だが豆満江を渡って満州の図們の町では、潜入した抗日運動家が出没していた。彼らは日本人が街づくりをした延吉（間島）にも潜入した。のちの北朝鮮をつくる金日成ら共産党系パルチザンで、彼らはソ満国境にアジトをつくり、ゲリラ活動を続けている。

辻政信大尉が心配したのは、満州領に入ってからの石原の身の上だった。なかでも図們はゲリラ活動が盛んで、軍人家族といえど襲撃されることがあった。そのため、鉄道は夜間運行を制限した。

羅津からの列車は客車が二等と三等の二輌、貨車が二輌である。平坦地を運行するため四輌ないし五輌で走った。殆どが軍需物資である。

逆に満州領から羅津行き下り列車は大豆やトウモロコシ、麦など北満及び牡丹江からの積荷が主で、羅津で貨物船に積み移したり、残りを倉庫に運んだ後で、内地からの物資を積み満州領へ引き返した。したがって定期便は午前と午後の二便で、その他は貨車が臨時的に運航された。

羅津駅を出た列車は、連隊基地のある雄基で暫く停車した。駅周辺は石炭煙が舞い、一瞬窓外が暗くなった。

石原は二等車ではなく、開拓団が乗り込んだ三等車の後部入口近くの四人掛けの席に黒の帽子をかぶり、座っていた。軍人と分らぬように肩章付のカーキ色の外套はトランクに入れ、黒の外套を着込んで参謀服を隠した。車内は未知の土地へ開拓に行く人たちの緊張した空気が張りつめている。初めて入る大地を見ようと、どの顔も窓外に引き寄せられていた。

その空気を察して、案内係の四十近い男が、これからの予定を語りかけていた。

「牡丹江は、夜になると雪がちらついての。今夜は図們で下りて一泊し、明朝、乗り換えます。夜は匪賊が出没するからの……明朝は八時五分の列車で牡丹江ですかの。牡丹江に着いたら、佳木斯行に乗り継ぎ、追分駅で降りますだ。詳しいことは宿で説明しますが、この右手がソ連領で、これからは豆満江に沿って西へ西へと行きます。各駅停車ですけんの、二時間ほど、かかりますがの。各駅とも日本軍の基地ですから、安心して下さい」

石原は聴き耳を立てていた。子供たちのなかには老人の膝の上で眠っている者もいる。長い航海で疲れが出ている様子である。

雄其を出ると、二人一組の車掌が検札にきた。これには乗客一人一人を見分ける意図があった。匪賊と呼ばれるゲリラを警戒するためだった。

車掌は、石原が参謀と見抜いたらしく、

「参謀どのは、あちらの二等車ですが」

と、前の車輌を指差した。

石原は、手を振って断った。

「いや。ぼくはここでよろしい」

「ですが、決まりです。誰もおられんです」

「なお、さみしくなるな。この列車の勤務は長いのかね」

「はい、二年目です」

「利用客はどうだい？　冬はさっぱりだろ」

「春になりますと、内地からの開拓団で一杯になります。便利になりました。私の遠縁の者も、東安に入りました」

「東安か。国はどこだね」

「秋田です。横手です」

「横手か。牛を飼ってるんだね」

「乳牛を十頭です。司令部に納めています」

車掌は、石原とは気付いていなかった。軍人と話す機会がなかったのだろう。石原との話をもっと続けたかった様子だが、次の駅に近づいたので、車掌室へ引き返した。

2

列車が図們橋を渡って駅に着いたのは夜の七時前だった。暗い駅のプラットホームは出迎えの人や乗り継ぎの人で賑わっていた。朝鮮語や吉林省方面で使われる高い声や、北京語も聞こえる。しかし半分近くが日本人だった。駐屯部隊員と満人の公安兵がプラットホームに立って警戒していた。

リュックを背負った開拓団の一行がプラットホームに下りた。戸惑った様子だ。落ち着きがない。旗を持った二人の案内人が先頭に立ち、もう一人が歩きながら人数を数えた。

石原が座ったままプラットホームを見ていると、開拓団にかわって満州人が集団で乗り込んできた。三等車はたちまちに一杯になった。七年前とは様がわりしていた。

ひとつ前の斜め前方の席に、満州人服姿の眼付きの鋭い二人の男が座った。二人の男のうち、通路側の男は黒い帽子を目深にかぶり、時々石原をちらっと見ては、顔を反らした。

石原は殺気を感じた。外套の襟を立てた。護身用の拳銃はトランクの中に入れているため、万一の時は素手になる。一発目はトランクで防ごうと思い、前の座席にトランクを置いた。

ベルが鳴り、列車が発車しようとした時である。駅の待合室の方で銃声が二発、響いた。ギャーッと女の悲鳴がした。石原は斜め前方の二人がどう反応するか注意して見守った。だが二人は、銃声には何の反応もしない。それがかえって無気味だった。

列車は、ピーッと警笛を鳴らした。ゴトンと音がして車輛が動いた。夜のプラットホームでは、銃声が聞えた方へ走り込む男たちの姿があったが、車内の満人たちは、関係ないといった表情で、互いに早口で談笑しはじめた。

図們を出て一時間後に、列車は終点の延吉駅に着いた。

延吉は師団司令部のある関東軍の基地の町で、東西に飛行機が離発着できるように五十間幅の道を築き、駅を中心に碁盤目状に道路を走らせている。

もともと、愛新覚羅ヌルハチ一族の先祖の地で、師団を置く頃には八割が朝鮮民族だった。

他に漢民族が入ってくるが、産業はなく、米作中心の農村である。

地形上は南側が山岳で、朝鮮領である。駅は高台にあり、軍人や兵器を運ぶために駅前は大型トラックがＵターンできるように広くしてある。

ホテルは駅前にある。駅前広場を下りると、すぐに五十間幅の飛行機の滑走路兼用の広い道路に出る。

乗りかえの新京行きの急行列車は翌朝八時と午後一時の二便だけである。石原は駅前のホテルで一泊すると、翌朝、市街を歩き、師団司令部に顔を出した。師団長と師団参謀長はソ満国境の琿春の分隊に出かけて不在だった。かわりに若い将校が車でソ満国境近くまで案内した。

将校は石原の質問に、良質な石炭が産出され、冬の暖房用は確保できたが、電力不足と銃器不備の苦情を並べた。連射砲がほしいと参謀部に進言するが、聞き入れてくれなくて困っている事情を打ちあけ、「戦になったら全滅です」とも言った。

五十間道路は飛行場兼用だが、まだ使われていなかった。しかし有事のさいは効果を発揮すると、得意げに語った。

石原は午後の急行列車に乗り込んだ。この時も三等列車を使った。彼は私用のときは、いつもそうして安い料金を支払い、利用した。

ここでも、石原は図們で乗り込んできた怪しい二人の男に気付いた。石原を尾行している連中かと思うと、油断できなくなってきた。師団司令部に行ったことも知られたかと思うと、窓外の様子を観察する気持ちになれない。

列車は延吉を出るとトンネルに入った。間もなくして稲作が広がる田園に出た。稲の刈り入れ前で、辺り一面黄金色である。その殆どが朝鮮人の耕作地であった。彼は八年前から、この一帯の農村を調査して歩いたことがある。土づくりの小屋の中で、朝鮮人たちは貧しい生活をしていた。電気もなく、自給自足の生活である。しかし、今は吉林の豊万ダムが完成し、電気が各農家にも届いていた。

石原は車窓から、並走している国道に立っている電柱を数えていた。どこまでも続いている。敦化を過ぎ、吉林に入るとすでに暗かった。敦化では日本人の商社員五人が下車した。吉林へ行くのだろう。貧しい服装をした朝鮮系満州人の家族が乗り込んできた。そのうしろから日本の軍人が六名、鼻息荒くしてプラットホームから駆け込んできた。石原は眼を反らした。六人は二等車へ移った。

敦化は牡丹江へも通じる要所で、関東軍の一個連隊が駐屯していた。一帯は水田の他に南の山岳は畑地である。鉱石がとれるので、日本企業が調査に入っていた。殆どが朝鮮系満人で、その多くが日本軍の基地で働いて収入を得ている。

日本からの開拓団も、未開墾地を求めて入植していた。入植者たちは、不在地主の山野を切り開き、そこで大豆や麦を栽培して、収入を得ていた。

敦化から吉林へは急行で四十分である。

吉林は古都で、市の北部を川幅二百メートルの松花江が流れている。川の流れはゆるく、まるで湖のように動かない。

余りにも日本の京都に似ていたので、石原は満州国建国のときは、首都を吉林にしたいと提案したことがある。交通の便を考慮して当時の長春に決定する。石原が関東軍を追われて兵器本廠付となり、さらに外務省事務嘱託、国連総会随員となって軍籍から外されている間に、満州国は日本から送り込まれた役人に支配され、首都移転先の新京には官庁街が築かれた。

そのかわりに、協和会本部は、満州人たちの手で、吉林市に置かれた。この古都には千人近い日本人家族が居留していた。多くが商人たちだったが、昭和十二年の夏になると、関東軍の基地となり、軍人民間人合わせて一万人近くの日本人が生活していた。

列車が吉林駅に停ると、殆どの人が降りた。残ったのは軍人など日本人だけになった。なぜか、石原を尾行している怪しい二人の男たちの姿もあった。

吉林は賑っていた。プラットホームで叫び合う甲高い声が飛び交う。プラットホームを男が一人、さっと駆け出した。憲兵三人が、その男を追った。銃声がした。どちらが発砲したか石原には判らないが、図們といい吉林といい、ゲリラが活発に動いているのが想像できた。盧溝橋事件前後から、北支と満州北部で共産党系の抗日グループが好戦的になっていた。

関東軍や憲兵隊が強圧的に取締っていたが、神出鬼没で捕えきれずにいる。この夜、石原がふと車内を見渡したときには、殺人者らしき二人の姿はなかった。石原はほっとした。安堵感から、初めて浅い眠りについた。気付いたときは終点の新京駅だった。

乗客は降りてしまい、車内には誰もいなかった。石原は外套のポケットに入れておいた黒の綿帽にとりかえてかぶった。新京の寒さを知っていたからである。腕時計を見ると夜の九時を過ぎている。

トランクを持ってプラットホームに下りたとき、想像以上の寒風が吹いた。内臓まで凍りそうだった。夜のプラットホームには外灯もないので暗い。建物ひとつ見えない。

出口へ歩き出したときのことである。二人の男が前に立ち止って挙手した。

「哈爾濱特派機関員、関口であります！」

「同じく、町田であります！」

羅津から乗り込んでいた満州人服姿の二人だった。

石原は思わず含み笑った。

「きさまら、なんだ――樋口のさしがねか。あの野郎」

「はい！　少将どのに、石原少将の身辺を警護するようにと命令されました。失礼しました」

「うん。樋口によろしく言ってくれ。無事に着いたと。あれは気のつく男だ。ひと月前に参謀本部で会ったばかりだったんだがな――」

「はい。申し伝えます。今回、お会い出来て光栄であります」

町田という左側に立っている背の低い機関員が言った。

「オレも、君たちを見抜けないとは、落ちたもんだな。作戦に失敗して、このざまだ。シケたツラをしていると思っただろうな。しかしオレがどうして羅津から乗るのが分ったのだい？」

「はい。機関長から、石原閣下は群れを好まれないので、よく見張れと言われておりました。新潟からの手紙も届いておりました。自分たちは、早めに、臨時列車に乗って、羅津にきていたのであります」

「じゃ、大豆を積んだ貨車でかい？」

「はい」

「それはご苦労だった。よければ一緒に、ヤマトホテルに行かないか。すぐそこだよ」

「いえ。自分たちは、すでに宿を決めております。今、迎えの車が着いていますので、お送りします」

三人はプラットホームを歩いた。先に関口という背の高い特務機関員が、石原を挟んでうしろに町田機関員が、後方に目配りしながらついてきた。

新京駅は改札口と出口の部屋が別々である。しかし誰一人迎えはなかった。彼は忍びできたとはいえ、気にかけられていないようで、ちょっと寂しさを覚えた。切符を渡すと、天井が高くて広い出口専用の待合室がある。そこを抜けて外に出た。車寄せがある。政府高官が多いからである。駅前の大広場から二十間幅の大同大街がまっすぐに延びている。

「どなたも、お迎えがないようですが」

関口機関員が戸惑った声で言った。

「知らせていなかったからね。送ってもらって悪いな」

石原は、町田が開けたドアから車に入った。フォードの黒塗りの車は、特務機関の車と見破られないため、一般車を装っていた。

「運転手の朱です」

と、町田が小太りの男を紹介した。

朱は三年前から、運転手として雇われていた。吉林の出身で、家族一緒に、新京の特務機関分隊で生活していた。

彼は、行き先を心得ていて、駅前のロータリーを右に曲がりヤマトホテルの玄関につけた。

石原は玄関で、三人と別れた。

石原は参謀官舎に入るまで、暫くの間ヤマトホテルに宿泊し、そこから通勤した。

3

新京の朝は霜が下り、凍てついていた。

石原は満州でも朝食を抜いた一日二食主義を貫き通した。朝食をとると気が緩み、活動が鈍るからである。

朝六時が、毎朝の起床時間である。洗顔し、トランクの中に入れている日蓮宗の教本を取り出し、テーブルに置いて経典を声に出して読んだ。そのあと軍服に着がえた。

ヤマトホテルから関東軍の建物までは、歩いて十五分である。

石原は外套を着ると朝七時にホテルを出た。宿泊客は朝食時間だったが、ロビーで石原の姿に気付いた男たちは唖然とした。多くが商人や内地からきた政府高官たちで、彼らの殆どが石原の顔を知っていて、「なぜこのホテルに?」と思った。

フロントで鍵を渡すときも、怪訝な視線を感じた。誰もが、石原が作戦部長を追われて満州へ左遷されたことはまだ知らなかった。日中戦争のさなか、出張で来ているとしか思っていないようだった。

石原は凍った歩道を歩いた。ヤマトホテルから関東軍司令部のある建物までは歩くにはちょうど良い運動になる。

関東軍司令部は地下一階、地上三階の建物である。まだ出勤者はおらず、夜勤の将校たちが二、三の部屋で東京との連絡に当たっていた。石原が歩いて玄関の前に着くと、歩哨の二人が敬礼した。

二階へのコンクリート階段を上がり、長い廊下に足音を立てて歩いたが、誰とも会わなかった。彼は副長室の固いドアを開け、中に入った。初めて入る部屋は天井が高く、東京の参謀本部作戦部長室の二倍の広さである。

窓側に畳一枚ほどの大きな木製の机がある。十人がけの大きなソファが廊下側に向き合っている。入口に副官の机と椅子がある。

「なんと贅沢な部屋だ」

思わず部屋の中をぐるりと見渡した。それから窓の方に行き、カーテンをそっと開けて見下ろした。そこは内庭だった。二人の満州人が箒で庭を掃いていた。

八時前に、廊下が靴音で慌ただしくなった。各部屋のドアがガーンと閉る音が響く。ドアに向かって石原の右隣の部屋は参謀長室で、左隣が作戦会議室である。その壁の向こうが作戦課の広い大部屋である。

廊下の突き当りが軍司令官室で、司令官の官邸は離れの内庭の向こうにある。石原は廊下に出るとゆっくり歩いた。途中若い参謀たちとすれ違った。そのたびに、将校たちは驚いて足を止め、挙手した。そして慌てて部屋に駆け込んだ。のちに石原の副官となる高橋柳太大尉も参謀室に入った。

官邸の玄関に着くと、石原は固い木製のドアを叩いた。中から植田司令官の副官が顔を出し、名前を訊いた。

「副長の石原です。ご挨拶に参りました」

すると副官は、

「司令官室へ入られました」

と言った。

石原は司令部の建物に引き返した。階段を上がり、二階突き当りの司令官室のドアを叩いた。

司令官は植田謙吉大将である。

植田は片方の足が義足である。昭和七年四月二十四日、上海での天長節式場で朝鮮人テロが仕掛けた爆弾で負傷した。

この日の朝、上海の北四川路にできた新しい公園で、大観兵式が行なわれた。そのあと、昭和天皇の誕生日を祝う天長節の祝賀式が行なわれた。壇上の中央に上海派遣軍司令官の白川義則大将、左右に海軍第三艦隊司令官野村吉三郎中将、植田謙吉第九師団長、重光葵公使の四人が並んだ。

　この朝は雨が強くなったが、四人は直立不動で立ち「君が代」を斉唱した。その時、後方から式台上に爆弾が投げられ、爆発した。白川は即死し、重光と植田は片足を、野村は片方の眼を失った。

　義足の植田の頭髪は半分近くが白髪で、白い髭をたくわえ、おっとりしている。

「石原、只今着任しました」

　石原は入室して一歩踏み出すと、挙手して挨拶した。

　植田は椅子から立ち上がった。石原に応接用のソファに座るよう、手を差し出した。

「いや。ご苦労さまです。かけて下さい」

　先に、植田が、不自然な動きでソファに腰を下ろした。そのあと石原が向かいの椅子に座った。

「寒くなると傷口が痛むのだ。幸い満州は湿気がないので助かるよ。そうだ、私の方から皇帝には、十時に挨拶に出向くと伝えておくよ」と副官の方を見た。

「国務院の建物も、ご立派ですな」

「うん。新京の街づくりも、やっと完成した。あとは公園をつくったり、歩道に樹を植えれば緑の首都になる。すでに人口三十万人だ。どこから人がくるのかね。漢民族は続々と入ってくる。推定では五十万人近いかもね」

　新京は、昭和七年の満州建国と同時に、将来の首都計画として準備が進められた。当時の長春駅はもともと木材の集荷駅だったが、今は満鉄沿線から運び込まれる大豆やトウモロコシ、麦など農産物の積み下ろしで賑わっていた。

北に備えるため、張軍閥の根拠地である奉天は民間人の商業都市にし、当初首都には哈爾濱や吉林が候補に上がった。しかし旧ロシアの影響力が残っていることから、新生地として全くロシア人の手垢がついていない長春の荒野に決まり、駅名も新京駅とかえた。

皇帝が住む皇居は、かつて塩の専売役所吉黒搉運局の建物で、ロシア風の洋式建築である。この建物は、一九一三年辛亥革命後、イギリス、フランス、ロシアなど五大国から借金のカタに認めた役所の建物だったが、軍事的にも防御にすぐれていることから、建国当時の銭務部総長の煕洽が眼をつけて皇居に推薦して、決定したものである。溥儀は昭和七年四月からこの建物に移り住んだ。

溥儀の私的住いは、緝煕楼だったが執務は勤民楼である。一階は侍従や御用掛などの事務棟で、狭い階段を上がった二階が皇帝の執務室だった。

石原は十時、車で皇居に向かった。ところが溥儀への挨拶は十三日の午前十時四十分から二十分間に変更された。場所は勤民楼上西便殿である。初めて見る顔だった。

溥儀は甲高い声で言った。

「石原参謀副長は、満州建国のはじめに関東軍参謀として難局に処し、親しく満州建国の苦汁を味わえる人にて、今回ふたたび関東軍に奉職し、この時局多難のさい、日満国防上また満州国治安維持上の重任を負うに至れることは誠に喜ばしい。今後充分自愛して努力せられむことを希望す」

　溥儀の言葉は林出賢次郎が通訳した。

「石原は微力ながら、できるだけ努力するつもりであります。石原は幼年学校、士官学校を経て軍職に就きましたが、在学中より明治大帝の聖徳を痛感いたしまして、今なお忘れることができないのであります。満州国も建国のはじめにおいては、特に陛下のご英明に俟つもの、極めて大であります」

　石原は、ここで明治大帝にふれて続ける。

「明治大帝は、臣下の真言をお聴き遊ばされ、全く君臣水魚の交わりでありました。これが明治時代に日本の国力が大いに発展した一つの要因であるやと存じます。明治大帝は特に詔勅を下し賜い、君臣の間を難問せぬようにと御思召をお示し遊ばされました。しかるに太平久しく、国民は平和に慣れ直言の臣が少なくなったように存じます。これが日本の、一つの憂いでありますす」

　ここで石原は、植民地化された満州国が五族協和に戻るよう皇帝の直言に期待する意味を含めて、明治天皇を引用した。しかし、溥儀には通じなかった。皇帝はこう言って林出を通じて伝えた。

「実を言うと、直言の臣をまだ見出し得ない。直言の臣は忘身奉公の士でなければならぬ。一身を顧み、栄達を念願しておるようでは直言はできぬ。自分は元来素直な性格で、言う所に対して率直にこれを評することがあるが、その代わり自分の非を認むれば率直に表明し、決して我を張らぬつもりである。満州国官吏は、第一満州建国の精神に徹底し、日満一体一心の義を体得してこれを行ない、その上に表するようにせねばならない。また日本官吏とか満国官吏とか系をもって区別するは、おのずから相対立することになる故、かかる区別をなくすことが大切である」

そして皇帝を訪ねるさいは、話が外部に漏れることはないので、林出を通訳官にされることをすすめた。

残念ながら、石原の真意は溥儀には充分に伝わらなかった。皇帝は、東條によって追い出されようとしている通訳官の林出起用を、新任副長の石原にすすめ、林出擁護を間接的に、石原へ働きかけたにすぎなかった。

この三ヵ月後、林出は東條によって、皇帝側近、及び通訳の座を追われることになる。

石原が植田軍司令官に、皇帝への挨拶を報告するため戻ってみると、すでに東條参謀長が同室していた。石原が近づいて挨拶すると、笑顔をつくろって、

「やあ、石原少将。ご苦労さんです。急なことで、大変でしたな」と言った。

「突然の赴任で、恐れ入ります。どうか、よろしくお願いします」

石原は頭を下げた。

「いやいや。司令官からお聞きだろうが、笠原君がブツブツ言ってたそうだ。前代未聞の人事だと、怒ること怒ること。阿南局長も、考えてのことでしょうが。でも来て下さってよかった。東満ではソ連軍が一日一日と築城を強化している。石原副長がこられたので、満軍の将校たち

も喜ぶでしょう。ぜひ、前線を見届けてほしい」

「石原少将は日支事変の作戦で大変お疲れさまでしたな。情報では上海の日本兵の死傷者は三万人近いそうだ。蒋介石軍の要塞は、相当な築城らしい。三尺のコンクリート壁だそうだな。第十軍の出動も考えているらしい。甘かったかな。海軍が火種だね。邦人引揚げに出たから、こういうことになったね」と植田は石原を労った。

「ま、石原副長、満州は、がっちりと固めて備えることですな。北支政府もできるでしょうから、治安もよくなるでしょう。次は満州へ仕掛けてくるでしょう」

石原は、二人から大よその各前線の様子を聞いた。その時、東條だけではなく、西からの攻撃にも備えねばなるまい、と直感するものがあった。

第３章　満州協和会

１

司令部の三階は作戦会議室と、大会議室がある。東京・三宅坂の陸軍省の会議室の二倍近い広さである。

午後一時、各課の参謀全員が、この大会議室に集められた。上座に東條参謀長と石原副長が座った。右側の椅子には第一課長と二課長、左に三課長と副官二人が座り、後方に各課ごとに参謀四十名が座った。それらの顔のうち、石原が知っている者は七、八名だった。

日中戦争で不拡大主義を通してきた石原を、現地の参謀たちは快く思っていない。内蒙古と接している関東軍は、満州国を防衛するためには蒙古に親日派の新政府をつくり、南の北支に、北京政府を建国して、防衛圏を広めたい構想を描き、天津駐屯司令に中国叩きを勧め、飛行兵団を石原の意見を無視して、送り出していた。

結局、上海にまで戦火が広がり、日本軍は広大な中国大地のドロ沼から足が抜けず、持久戦に持ち込まれてしまった。

「最初から中国軍を叩いておけば、持久戦にならずにすんだはずだ！　石原は古い！」

関東軍の参謀たちは、東條を初め、全員が石原の無策と作戦失敗を、腹の中で非難していた。

その石原が関東軍に舞い戻ること自体、腑に落ちない。「何を今さら」という感じである。

そうした空気を読んだ東條参謀長は、全員の前で石原を紹介したあと、石原の出鼻をくじくようにこう言った。

「石原副長はこの満州国をつくられた方で、満州には知人が多い。政治と経済に関りたい気持は分るが、このさい、副長には作戦のみに専念してもらうことになった」

その時、一瞬、会議室は水を打ったように静まった。

石原も、事前の打ち合わせもなく「作戦のみに専念」と言われて、背筋が寒くなった。

もっとも、東條の性格を知り尽くしているからこの一、二年の間に、反対する参謀は次々に追い出し、尻尾を振る者のみで関東軍を固めていることぐらい承知していた。

慣例として副長は参謀長を補佐する立場で、主として作戦の全責任を負っている。これまでの副長は満州国に関っていなかったので、政治、経済など満州国の内政指導にたずさわる知識も方法もなく、作戦だけで精一杯だった。

石原はその逆で、満州国政府の総理以下各閣僚、協和会の本部及び各支部長と面識が深い。

石原があえて犬猿の仲である東條の下にとび込んだのは、関東軍ではなく、満州国の産業開発を含む満州政府の再建が目的だった。

その矢さきの、東條の出足払いだった。

しかし、石原はそんな東條の謀略など無視して、立ち上がるや、

「おまえは満州へ行って再建しろ、と陸軍大臣の命令で、当地に参りました。副長という立場は、みんなの意見を聞き、作戦を立て、参謀長を補佐するのが任務である。以上」

紹介と挨拶は、わずか五分で終った。各自、持ち場に帰った。石原は、東條より先に部屋を出て、階段を下り、二階の副長室に入った。そして、壁に張り出してある満州全土の地図に書き込まれている師団司令部、各連隊、分隊の配置、飛行場、兵団数、さらにソ連軍の配置図を見上げた。

特に極東ソ連軍が集中しているウラジオストックからハバロフスクまでのウスリー河沿いに配置された東満州一帯の戦備に注目した。師団数、戦車、飛行機の数は極東ソ連軍の十分の一以下である。

石原は一個師団の配備ではなく、日本軍は三個師団構成の軍団を配置し、軍司令部を置く必要を感じとっていた。戦時態勢になれば朝鮮軍から二個師団がソ連の側面を衝けるから、ソ連軍の満州侵攻を阻止できる。

ソ連の第二司令部があるアムール河の北、ブラゴヴェシチェンスクに対しては、河を挟んだ黒河市に一連隊を置き、師団は十キロほど後方の孫呉市に師団司令部を置いてあるが、それだけではソ連の戦車隊を喰い止めるのは不可能である。

満州全土の地図を見上げていた石原は、孫呉と黒河を結ぶ左側の山の手に、一個師団または旅団を置き、側面を突く必要を感じとっていた。残念ながら、日中戦争、それも上海事変に入り、満州からの師団を送り込むはめになり、戦備力はゼロに近い状態である。

「いま、ソ連軍に攻められたら、ひとたまりもない。スターリンなら、平気で協定を破ってこよう。奴らは奇襲に出るから油断ならぬ」

石原は孫呉と黒河の左手の山、山神府という高地に、一個師団を配置したい構想を持っている。

この高地からは、北満一帯及びアムール河、さらにはブラゴェシチェンスクなどソ連領土が見下ろせる。ソ連軍の侵攻は夜になるだろうが、黒河の連隊から一報が入った段階で、攻撃態勢に入れるし、黒河に援軍が送れる。

あとは満州軍のある西部方面である。

「貧乏国日本には、戦備がない。早く満州での産業開発、重工業の振興を急がなくちゃいかん。満州国の自立と自給自足だ」

石原が「満洲は独立国にする」と言って、当時の陸軍大臣や参謀本部に白い眼で見られたのは、五年前の昭和七年三月である。その意味は「朝鮮や台湾のような植民地政策ではなく、またイギリスのような搾取主義でもない、五族のそれぞれの特性を活かした集団の国づくり」であった。

だが政治家も軍人も、日本と没交渉の独立国家づくりと誤判断し、石原を危険視した。ついには「石原は満州政府の独裁者になるつもりだ。奴らがこのまま居座ったら、本当に独立国家をつくられる。引揚げさせろ」という話にまで進んだ。

壁に張られた満州全土、及び広大なシベリアの地図を見ながら、石原は腕を組んだ。

「あの時に、オレの軍人生活は終っていたのだ。辞職して、馬賊になり、馬占山と黒河で暮らすべきだった」と、当時のことを思い浮かべていた。

「それにしても、東條上等兵は手回しが早いの。みんなの前で、作戦以外のことはやるなとは。

してやられたな――」

石原は、こうして軍閥がつくられると苦笑した。すでにこの時から、東條軍閥が芽を出しはじめていた。

「よし。前線を抜けがけで、見て回るか」

石原は椅子にかけると、車で各前線基地を回るスケジュールを組んだ。車で約一週間のスケジュールになる。

2

石原がスケジュールを組んでいると、ドアをノックする音がした。廊下を歩く足音で軍人か民間人かは見当がつく。この所、隣りの東條参謀長室には、満州進出を打診する国内の企業家の訪問が絶えなかった。副長室のドアがノックされたときは、東條の部屋と間違った人がきたのだろうと、返事しないことにしていた。

ただひとつ気になっていたことは、四人の課長が、口止めされていて、石原の部屋をノックして挨拶にこないことである。部下が上司に挨拶にこないというのも妙だった。これは組織という形をしていないばかりか、軍閥でこり固まっているに等しい。

「これでは誰ひとり、異見を言う者はおらんだろうな。戦がないからいいものの、戦時下に入ったらうろたえるだけだ」

椅子を回転したとき、二度めのノックの音がした。

「はーい。どうぞ」

ドアが開き、満州協和会発起人の山口重次と小澤開作が、濃緑色の協和会服姿で入ってきた。声をかけたものの、石原は机の上で日程表を組んでいた。顔を上げたとき、ドアの二人に気付き、オッと声を呑んで立ち上がった。

「やあ、石原さん。助かったよ、あなたに来てもらって。今じゃ満州協和会は甘粕や橋本のやり放題だ。五族協和の精神なんか、これっぽっちも持っちゃいないよ」

山口がいきなり、非難した。

石原は二人に椅子を勧めた。

「甘粕は総務部長で、満州の総理大臣だね」

と石原が言うと、一緒に五族協和を立ち上げた満州青年同盟のリーダーである歯科医の小澤開作が涙声で訴えた。

「今じゃこの満州は、世界に認められる国の姿ではありません。満州人たちの間には不満が湧き上がっています。政策集団であるはずの協和会は、関東軍の宣伝機関になりさがりました。板垣参謀長のときは、役人も民衆も協和会服着用となりましたが、今では星野長官ぐらいで、他の者は着用しなくなりました」

「星野長官室は二百坪の大広間だそうだね。ドアを開けて向こうに着くまで十分かかると言われているけど、本当かね」

「私は入ったことがありませんので……」

「私もです」

「満系の役人がきても、足を机の上に投げ出したままだと聞いとるぞ」

「なんでも、満州国の大臣たちは、郷里に引っ込んだまま、出勤しないとも聞いています。お飾りの大臣になっちまって」

「殆ど、捺印のため出てくるだけのようですよ。日本から来た役人に任せっきりで、自ら国をつくろうとしなくなっています」

「それじゃ困るな。蒋介石が羨むような満州国にしないといけないです。ボクはそのために、今回東條上等兵の下にきたんだから」

「石原さん。なんとか救って下さい。このままじゃ植民地同然です。日本式を押しつけるばかりで、満人たちは諦めています。不満だらけです。ソ連のスパイに好都合なだけです」

「皇帝に会ったけど、彼には失望した。失敗だな、この制度は。アメリカ合衆国のように共和国家で行くべきだった」

「しかし、それでは選挙制度になり、民族間に対立が生れませんか」

「生れるさ。だから民族協和が定着してから、少なくとも十年後だね。選挙か、代議員制にするかだね。でも国境をソ連と接している状況を考えると、全民族を統一して政治、経済、文化、教育を高める五族集団でなければいけないな。そのためにボクは建国大学を辻に勧めたんだ。これは大学という名の政策集団で、満州国の方針をここで企画し、各大臣と折衝して政策を決定する機関で、いわば協和党という一党独裁の政策集団だよ。ボクらは満州国を立ち上げる時、于沖漢先生たちと、そんな話をしたな」

「そうでした。スタートはよかったのに、本庄司令官、板垣さん、石原さんたち全員が更迭されて、来たのは若僧の役人たちだらけ。それが三十そこそこで、車で通勤だからね。あきれはてましたよ」

「今も、この新京の日本人役人は、運転手付きの車で出勤です。満人たちは歩いているのに。給料も日本人は二倍ですよ」

小澤開作は、舌うちした。

彼は奉天で歯科医院を開業している。この日は石原に会いたくて、休診にした。訴えたいことが山ほどあったのである。

小澤は建国当時、反張学良の満州人実業家や、かつて日本に留学したことのある人たちが、甘粕が協和会の総務部長になってから主流から追い払われ、無念の思いをしているのを聞かされてきた。各支部長だった人たちも、甘粕の息のかかった日本人が支部長になり、完全に日本人に仕切られていた。

日本人の支部長も、板垣参謀長の時に就任したにもかかわらず、甘粕によって更迭されている。

在留日本人にとって、甘粕正彦は、アナキスト大杉栄殺害事件の首謀者として恐れられていた。甘粕大尉は東京憲兵司令部渋谷憲兵分隊長だった時、彼は三連隊から大杉栄とその妻伊藤野枝、甥の橘宗一を大手町の憲兵司令部に連れ出し、水攻めで殺害した。

軍法会議で二年間入獄するが、出獄後は軍籍をはなれ、昭和二年七月、フランスへ身を隠し、昭和四年二月に帰国した。満州に姿を現わしたのは昭和四年七月で、満鉄の経済調査会の仕事につく。

満州では張作霖爆死後、いたる所で抗日運動が起き、在留邦人の生命が脅かされていた。この状況下で甘粕は関東軍によって起用され、板垣や石原と接触する。吉林派兵をめぐって中央にストップをかけられていた関東軍は困窮していたが、九月、戦火の口実をつくるため、甘粕は哈爾濱の日本領事館裏門に爆弾を投げ、ピストルを乱射して、いかにも抗日運動家の仕業に見せかけた。この謀略は哈爾濱特務機関と共謀しての謀略で、この事件をきっかけに、関東軍は哈爾濱に出撃している。

満州建国後の七年四月、甘粕は新たに組織された民政部警察司の初代司長に就任する。主な任務は警察力を組織して満州国内の治安維持をはかると共に、日本軍と協力して匪賊の取り締まりと討伐である。彼には打ってつけの仕事だった。

その甘粕が、協和会を牛耳る総務部長となり、毎日一回、政府と協和会との連絡会議を仕切った。また甘粕は「協和会読本」をつくり、彼の考えを全満州の協和会支部を通じて広めた。さらに十二年八月には、協和会員が足並みを揃え、心を一つにする、との甘粕の発案で「協和会行進歌」を作らせた。作詞は国務院弘報処長の武藤富男、作曲長尾巌で、歌詞には、

「進め進め、はらからよ、手をたずさえて進め、進め、協和協和――」とある。

小澤はこの行進歌が強圧的で気に入らず、紙に書いた歌詞を石原に見せた。

それには満州語で、

「上前進、上前進、親愛的同胞面」

とある。

「それで曲は？」

と石原が訊くと、小澤は口に出して歌った。それを聞いた山口が、

「まるで早稲田の校歌です」と笑った。

「甘粕なりにやっていることは分るが、満人たちは受け入れまいな。橋虎（橋本虎之助元中将）中央本部長はどう言っとるかな。お飾りかい？」

「イタリアからの使節団が来年春に、満州に来ることになっており、協和会として迎えるそうです」

「イタリアが満洲国を認め、双方が領事館を置いて親しくなったのはいいが、仕切っているのが日本人じゃ、こりゃ民族協和もへったくれもない。いずれにしても、満州の重工業開発があり、うまく協力体制をつくり上げたいもんだな」

三人は、これから始まる苦難に、思わず腕組みし、溜息をついた。

それから暫くして山口が、

「宿舎住いはいつから？　おくさんは？」

と訊いた。石原が、暫く前線回りがあり、ホテルを仮宿にする、と言うと、

「それなら、ぼくの方でお手伝いさんを回しますよ。おくさんが来るまでには入られるでしょうから」

山口には心あたりがあった。

「でも銻子ちゃんは、あとひと月後になるかも。両親のこともあるからな。弟が同居するまでは来れないよ。とにかく、五族協和国づくりを諦めてはいかんぞ。小澤さんも奉天支部をたのむよ。嫡男の征爾君元気かい」

「はい。元気ですよ」

二人は、間もなくして、副長室を出た。石原は二人を廊下まで見送った。

3

石原が新京に着いたとの話は、各地の司令部や前線の連隊にまで伝わっていた。

満州の青年に軍事教育を施し、日本式に育てて満州国内の治安維持のため日本軍と協力させる狙いで生れたのが、満州国軍である。日本の士官学校なみの軍事教育を施し、対ソ連軍との戦いでは、日本軍と一緒に前線の守備についた。

人選は二十歳になった青年を採用し、延吉や牡丹江、北安方面の軍学校に入学させた。毎月、手当てをもらうので、応募者が多かった。さらに優秀な学生は日本の士官学校に留学させ、指導者になった。人種も漢人、朝鮮人、蒙古人と多民族で、帰国後は満軍の将校となった。

日本からは陸士二十一期生以上の左官クラスと少・中将が顧問として送り込まれた。大迫通貞大佐、田中久大佐もその一人で、石原の同期生平林盛人少将は満州国軍政府最高顧問である。

夕方の四時に近い。

牡丹江の満軍学校で顧問をしている大迫が前ぶれもなく関東軍司令部の石原を訪ねてきた。二人は前年の十一月、満軍学校を視察したさいに会っている。

この鹿児島出身の大迫は、親子二代に亙って軍人で、薩摩訛りが抜けない。石原は後輩の大迫を、先生呼びした。

大迫は指揮刀を抜いて壁に立てかけると、「一年ぶりの満州はどげんですか」と言った。

「いや。すっかり、何もかも、内も外も変ってしまったね」

石原はソファに腰を下ろし、禿げてしまった頭に手をやった。

「内も――とは？」

「うん。ついさっき、全体会議があってね」

「ほう。作戦参謀を終えられてきたばっかりなのに、ですか」

「オレには、作戦だけをやれと。政治、経済にはタッチするな、と。こちらがさ」

石原は背中の壁に視線を向けた。

「そりゃ、やりすぎですな。暫く内地で休養されればよかっただろうに。景色のいい横須賀か佐世保の要塞司令部で、のんびりすごして体調を整えてくるのかと思っていたのに」

「そのつもりでしたよ。ところが満州協和会がゴタゴタしているので、やむにやまれず来てしまった。さっき山口君と小澤君が来られて、満州は植民地になった、星野なんかはクツを机の上に投げ出しているそうだと。協和会を立ち直らせてくれ、甘粕の思いのままだとグチをこぼしていったよ。そっちはどうだい？」

「内地の士官学校を出た子供たちが帰ってきてリーダー格になり、なかなかよろしいよ。入隊者も増えてきた。いずれ満軍が立派に育てば、彼らの手で自分の国が守れるようになりますよ。その時は、関東軍は要らなくなり、内地へ引揚げですな」

「そうなってほしいな。日満合わせて二十個師団になれば、ソ連の侵攻を防げる。あとは飛行兵団だ。工業学校をつくり、航空製造と修理工を育てるのが急務だ。五ヵ年計画に入っているが、満州国がどれほど力を入れるかだ。顧問を増やそうと思うが、足りておるか」

「それがね――」

と言って、大迫は首を振った。

「オレの耳にも入ってきているよ」

と石原は、大迫の顔をのぞき込んだ。

「そうか。タチの悪いのがいて、賭博をやる者がいたから、厳重に注意しておいた。夜をもて余しているんだな」

「家族を内地に置いてくるからだ。官舎で家族一緒に生活できるようにしているはずだが」

「なかには、子供の教育問題があったり、年よりがいたりして、なかなかむずかしいところがある」

「しかし、行ないの悪い者は、ここは鬼になって信賞必罰だよ。日本人が見本にならんといかんぞ。顧問も入れかえた方がいいな。タチの悪いのは首根っこを掴んで追いかえすことだ。暇をもて余す奴らには、軍事研究に打ち込むようにすることだ。希望をとって、短くて一年、人を入れかえると良いかも」

「それには金がかかる。田中久も連れてくるから、予算をつけてほしいのだ」

「分った。満軍の教育費は、関東軍でもつようにする。参謀長にも話しておくよ。日をあらためようか。見つもってほしい」

「それじゃ、これで」

「体に気をつけろよ」

石原は、ドアを開け、大迫を見送った。そのあと、作戦担当の冨永恭次大佐に電話をかけて呼び出した。冨永は情報担当の二課長だったが、九月に作戦担当の一課長に異動していた。

冨永は参謀本部時代、石原に抜擢されて十一年八月作戦班の高級参謀だった。十二年三月に関東軍に異動して情報担当課長となり、その下に田中隆吉少佐がいた。しかし冨永も東條参謀長の影響を受け、すっかり変わりはてていた。疲労しているというか、洗脳された顔付きである。

石原に呼ばれたときも、上下の関係というよりも、「オレには東條参謀長がいる」といった態度で、呼ばれた理由を意に介していなかった。しかも一人で、面倒くさそうに、

「何のご用ですか」と言った。

石原はその態度が癇にさわった。

「君一人で作戦をやってるのかね」

石原は語気を強めて言った。

「はあ?」

「それじゃ状況を説明してくれるか」

「会議と言って下されればみんなを呼びますけど」

「君と主任でいいだろう」

「しかし急に言われましても——」

「それじゃ会議室に全員集めてくれるか」

「はい。分りました」

「二分以内に集れ」

　これまでの副長は参謀本部の作戦部長を経験していない「定期異動組」である。関東軍、支那駐屯軍参謀長に、決まった作戦を下達してきた石原と違って、ひとつの駒にすぎなかった。

　石原は病気療養中の今井清次長にかわって統帥の中心にいた。近衛首相、杉山陸相、梅津次官相手に作戦を主張してきた立場である。石原にしてみれば出先の司令部参謀は、走り駒であった。中央の命令に応える立場で、独断専行は許されない。そうした走り駒のひとつに、今度は石原自ら、身を置くことになる。

　副長室と第一課室との間に、作戦会議室があり、副長室からはドアひとつで出入りできる。石原は、各地の司令部、連隊司令部及び分隊の位置をすでに頭の中に叩き込んでいた。だから彼はメモ用紙も持たず、手ぶらで会議室に入り、十人がけの長いテーブルのまん中に、それも副長室側の椅子にかけた。前面には五人の椅子があり、あふれたものは廊下側に椅子を引いて座ることになる。今までの会議と椅子が違うので、課員たちは、戸惑っている。椅子のない課員は立ち席になった。

「先ず、東満国境のソ連軍の様子を教えてくれ」

　石原は誰に言うでもなく発言した。作戦主任の綾部橘樹中佐が、ふと左横の冨永大佐の横顔を窺った。冨永が答える様子でないのを察して、眼鏡をずり上げた。

「赤軍野外教令が昨年十二月に発布され、赤軍は何者であるを問わず、全武力をあげて反撃し、進んで敵国領土内に進襲するであろうと宣言して以来、全域にトーチカの築城が見られます。

トーチカには鉄筋ベトン製の六角形のものが多く、マキシム機関銃と野砲級を二門収容し、地上二メートル程度にツラを出しています。

配備は地形と任務によって変えていますが、隠頭式のソート型、偽トーチカのロート式を大体四百〜五百メートル、縦二、三列に配置したものが多く見られます。これらのトーチカは地下坑道によって連絡されています。

ソート式は掩蓋を回転させるものと、銃塔を上下させるものがあります。ロートは偽トーチカとは言っても、全てが偽物ではなく、土製又は木製のもので偽装し、前面に出しております。しかし戦時下になりますと、このロートは活用するに充分で、油断なりません」

綾部はここで、二枚の図面を広げた。

「兵力編組は？」

石原が質問した。綾部は顔を上げた。

「申し上げます。守備隊は通常一司令部の下に、独立狙撃隊、独立砲兵大隊、対戦車砲大隊が数個、独立機関銃大隊が三ないし数個、独立技術部隊、連絡中隊各々一個その他であります。

この中の機関銃、対戦車砲、砲兵は直接トーチカ内に入って、火力を発揚し、狙撃連隊は逆襲を任務としています。

各正面陣地の編成でありますが、東部正面では東寧、綏芬河正面、半截河及び廟嶺正面、虎頭正面の四グループの築城が目立って参りました。国境線の要所に監視壕を設置し、野戦陣地を強化しております。新しくトーチカ工事も始まり、野戦陣地には機関銃座が設置されております。

張鼓峯付近や長嶺子正面のトーチカには中口径砲を設えている様子が見られます。

　バラバシ付近では、発見しただけでも百余のトーチカがあり、土門子の正面のソ連領には有力な砲トーチカが設けられ、虎頭付近ではイマン駅から前進して国境近くにまで陣地を進め、トーチカを築いており、こちらは肉眼でも人の姿が見えます」

「東北部では松花江の合流地点の中洲に陣地があり、一連の鉄条網が張られ、四百～五百メートルおきにトーチカを縦深横広に配置しています。チェルキー高地付近には十加級の砲台が四、高射砲数門が置かれ、アムール河の対岸は湿地帯にもかかわらず、北部のブラゴヴェシチェンスクまで、野戦陣地が構築されています。

　北部方面は、大きな島々には掩蓋機関銃座を有する野戦陣地が設けられ、武市付近には主要トーチカ地帯を完成し、さらに後方陣地を設けています。アムール河の河岸は土堤が低いため、冬季凍結時、上陸が可能で、戦車での上陸を想定する必要があります。

　カンチャーズ島事件で明らかになりましたように、ソ連艦隊からの艦砲射撃に備えるべきかと思われます」

「西部正面では、シベリア鉄道の満州里支線とモロトフ鉄道に挟まれた三角地帯は、シベリアから直接満州里に入るべき大きな関門で、ボルジヤ付近の陣地構築は数十工区に分けて実施されております。わが軍の急襲に備え、守勢陣地の構えです。しかし満州里近くまでトーチカを築き、なかには偽装トーチカもありますが、兵舎が設置され、増強されようとしています。

　ノモンハンでは国境線のハイラル河を越えてわが領土にトーチカを築き、河の彼方に陣地を築いているのが実状であります」

このあと、航空担当の原田貞憲少佐が、ソ連軍の飛行隊の位置と分科別構成機数について説明に入った。

「極東ソ連軍の飛行場は、ウラジオストックから十キロ北と、シベリア鉄道駅のブオコシロフに基地があり、総機数は一五〇〇機前後。ちなみに満州は二五〇機であります。比率は十六％です」

「冨永課長、日ソ師団数は？」

「ソ連は二十個、わが関東軍は七個師団です。十対三であります。戦車数はソ連一五〇〇、関東軍一五〇輌、十％です。なお先ほどのソ連師団数には騎兵師団三個師団は含まれておりません」

「分った。明日攻められたら、こっちは三日ももたないな。よく生きておられたもんだ。冨永課長、日本軍の備えを各師団ごとに説明してくれ」

冨永と綾部、それに地上作戦担当の中上貞武の三人は、資料の一覧表を広げ、それを冨永が指でさして説明した。火力の比較を石原が突っ込むと、張家口出撃で転用していることが分り、石原は声を呑んだ。

暫くしてから石原が言った。

「参謀本部では何も聞いていないし、オレは命令を出した覚えもない。武藤課長も知らなかったろうな。参謀総長も天皇陛下もご存知ないだろう」

謀略を衝かれて、一座はシーンとなった。

関東軍は九月、勝手にモンゴルに親日政府をつくるため、東條兵団、本多兵団が張家口まで進攻し、特務機関を置いた。徳王を担ぎ出して軍政府をつくり、十月四日には、関東軍司令官名で、松井久太郎特務機関長に訓令を発した。その時点では石原は作戦部長をやめ、下村定に変わっている。

満州と国境を接しているモンゴル地区に親日の政府をつくることで、満州国が安心して産業開発に取り組める、というのが満洲国政府及び関東軍の考えだった。

「仮にだ、モンゴル政府をつくったところで、長続きはしないもんだよ。モンゴル人自らの手で造り上げない限り、定着しないばかりか、反徳王グループが抗日戦に出てくるだけだ。こいつはやっかいなことになったな」

石原は全員に、「モンゴル政府樹立後のことを策定するように」と宿題を与え、解散した。

第４章

前線基地へ

1

石原が各地の前線を抜打ちで視察に出るのは、副長室に入った三日目の朝である。彼は冨永課長を電話で呼び出すと、いきなり、

「車を用意してくれ。視察に出る」

と命じた。

「どちらへ出かけますか？」

「それは玄関を出てから決める。当面の宿代とメシ代を出してくれ。運転手だけでいいぞ」

「しかし、それでは途中で何が起きるか分りませんので、他に一台付けます」

「護衛なら要らんぞ」

「経理から金を出してきます。三日分あればよろしいですか？」

「いや。二十日分だ」

「え？　二十日間ですか？」

余りの唐突な要求に、冨永は電話口で大声を出した。冨永の声に四十人の課員たちが、手を止めて振り向いた。

受話器をガチャンと置くと、冨永は机の下から伝票を取り出し、二十日分の機密費を書き込んで、捺印した。

「安永、これを経理に。それから高橋、矢原。こっちに来い」

安永という中尉は、冨永から伝票を受けとると、小走りで部屋を出て行った。

「副長が、これから二十日間の予定で前線視察に行く。二人で、交代で運転してくれ。万一に備えて、軽機と二百の弾を積み込んでくれ。くれぐれも頼むぞ。行く先々から、現在地を知らせてくれよ。必ずだぞ」

「分りました」

高橋柳太と矢原三郎は陸士で同期の二十五歳の中尉である。二人とも中背で、矢原は剣道三段の腕前である。高橋は銃の名人で、狙撃手だった。

二人は壁に掛けた外套を掴むと、作戦課の部屋を出た。

安永は三階の経理局から現金を封筒に入れて、戻ってきた。冨永は紙幣を確認した。

「これを副長に渡してくれ。しっかり警護しろよ」

と手渡した。

野戦服に着がえた高橋と矢原が戻ってきた。

「準備できました」

と高橋が冨永に言った。襟巻きを首に巻いている。冨永が車輛課に電話した。

「三人だ。軽機二も積み込む。長距離になる。予備燃料、タイヤも」

と言うと、

「六号車がよろしいかと」

返事がかえってきた。

六号車はフォードの五人乗りで、予備タンク付でタイヤが大きく、走行も長い。余りにも突然で、しかも二十日間の長い視察になることに、腹立たしさを覚えた。

「こんな上司には、ついて行けそうもないな」

冨永は、そんな気持になった。

「下で待機します」

矢原が入口に立ったまま、窓側の課長席に向かって言った。

「うん。玄関につけといてくれ。副長と一緒に下りて行く」

二人は、廊下に出た。

入れちがいに、安永が戻ってきた。

「ご苦労だったな。副長はどうしている？」

「はい。壁の地図をにらんでおりました」

「どっちに行くと言ってたかね」

「いえ。そのことは、ひとこともありませんでした」

「そうか。副長が廊下を歩く姿が見えるように、こっちのドアを開けたままにしてくれ」

「はい」

安永は、冨永課長席から正面に見えるドアを開けた。それから自分の席に戻った。隣りの事務官と何やら話し、口もとを押さえている。初めて、石原莞爾という人物に会ったことが嬉しかったのだ。また、声をかけたことを、得意がっていた。

「――そうか。よかったな、お前――」

隣席の山成が、安永の横で腹を突ついた。

その様子に気付いた前の席の将校らも、立ち上がって聴き耳をたてて加わった。

彼らにとり、軍師石原莞爾は雲の上の存在だった。二十二万の張学良軍を、たった二万弱の日本兵で打ち破り、哈爾濱から北安、さらには黒河、西の満州里まで攻め、錦州城に司令部を置いた張学良軍に対して自ら爆撃機に乗り込んで投爆して追い出すなど、関東軍作戦参謀の行動は、陸軍士官学校にいた若い将校たちには、英雄に映った。

しかもつい十日前までは、参謀本部作戦部長として、日支事変の不拡大を主張して対決した。結果は陸軍大臣、軍事課の前に不拡大論者の石原は敗れ、その地位を追われて、満州の関東軍にいる。

高級参謀たちには目の上のたんこぶ的存在でも、若い参謀や兵隊たちは指導を受けたい、憧れの軍師だった。

視察同行を命じられた高橋と矢原も、石原と行動ができることで、心が騒ぎ、跳びはねたいほどだった。

二人は、車輌部から回したフォードの六号車を司令部の玄関につけ、石原を待った。

「地図は持ったか。予備タイヤはあるか？　いつゲリラに襲われるか分からんぞ」

高橋が念を押した。

「ばっちりです」

「ところで、全土だろうか」

「二十日間ですから。どのルートですかね」

「聞いてないけど、道路地図が頼りだな」

二人が外套を着て待っていると、石原の太い声が上の方から聞えてきた。長崎出身の冨永は、肥前弁の訛りで答えている。

「何が起きるか、今は言えない」

「ばってん、こちらから師団司令部に電話しといたほうがよろしくないですか。向こうも準備するものがあるでしょうから」

「冨永。オレが行く目的は、自分の眼で現状を見ることだ。君たちはすでに知っているだろうが、オレの頭の中では白紙だ。言っとくが、各師団司令部には、絶対に電話を入れないように。これが知れることは、作戦漏洩になる。軍規問題だぞ」

「――分りました」

階段を下りてくる二人の話を耳にした高橋と矢原は、「この先、きびしいな」と互いに顔を見合わせた。

２

運転席には高橋が座った。矢原は足元に軽機関銃を折り畳んで隠し、最後に乗り込んだ。

「副長、どちらに行けばよろしいでしょうか」

高橋がバックミラー越しに訊いた。

石原は帽子とカーキ色の外套を脱ぎながら言った。

「東だ。土門子に直行だ」

「はい。分りました」

土門子は琿春から北へ二十キロの、ソ満国境の前線基地である。尾根を境に対峙している。

車で行くには、新京から満州の古都吉林市内へ入る。そこから吉林駅への鉄道に沿って北側の国道を東へ進んだ。水をたたえた松花江の上流が左手に見えてきた。松花江は川幅約九百メートル。川は北へ流れ、哈爾濱の北側に川幅を広げ、中洲の島をつくり、依蘭、佳木斯の川沿いの町を抜けてハバロフスクへと流れ、ベーリング海に注ぐ。

松花江の上流の古都・吉林の北へは、松花江に架かる鉄橋を渡り、暫く右手に松花江を見て走る。道はやがて山間に入った。そこを抜けると広大な大地が広がってきた。見渡す限りの平野である。

車は東へ東へと走る。三時間後に二道河駅前に入った。ここから先は満鉄の京図線に沿って敦化、延吉（間島）、図們へと一本道を走る。道の両端には防風用のポプラ並木が続くが、のちに昭和二十年九月、日本の開拓民がこの道を吉林に向かって命からがらで逃げる姿は、石原と言えども想像できなかった。八年後にソ連軍の侵入で軍に見捨てられて避難民となった日本人が吉林をめざし、なかには途中で死に別れる老人、子供を捨てて逃げまどう母親たちの姿が現実のものになるなど、誰一人予測していなかった。

そうなるとは知らず、石原は、対ソ連戦に備えるため、最も危険性の高い東満州の前線に向かっている。

石原は、敦化駅前広場前で、車を停めて休憩した。腕時計を見ると十二時前である。

「よし、昼メシだ」

三人は日本人が経営する旅館に入った。三階建ての建物だが、一階が食堂で、二、三階が客室である。日本からの視察団や鉄道関係者が宿泊していた。

ここには分隊が駅前にあった。敦化は北東に牡丹江へ続く街道がある。そのまま東安やソ連領のイマン基地が鼻の先にある虎頭へ、北に向かえば日本人が設計した港町佳木斯へと続く。

石原は、旅館の食堂で、初めて二人に話しかけた。三人は木の椅子にかけ、帽子をとった。

「高橋君の生れは？」

「鹿児島であります」

高橋は緊張していた。背筋を伸ばし、石原を下から見上げた。

「高橋君、ご苦労。なかなか運転がうまい。オレは爆撃機は操縦できるが、簡単な陸上車はやれん。車はバックできるが、飛行機はバックできんからな」

この時、二人の顔から、ようやく緊張がとれた。二人とも、口もとが緩んだ。

「君もかい？」

「いえ。自分は山口であります」

「なあんだ、薩長か。それは気の毒だな」

「はあ？」
「陸大教官には、長州藩出の陸士には、陸大入学をきびしくせよ、とバカな連中が横ヤリを入れてね。この四、五年、陸大合格者はおらんだろう？　陸軍を旧長州閥から切り離そうという申し合わせがあってのことだ。山縣有朋の影響から逃れるためさ。けど、陸大なんかに入らん方がいい。幼年学校も必要ない。中学を出てから陸士に進んだ方が、人間性が出てきて、立派な軍人が育つ。幼年学校出はオレも含めて、みんなガチガチ軍人だ。そういう奴らが日本を亡ぼすのよ。一番始末に悪いのは陸大恩賜組という奴だ。そいつらが牛耳ると、先のことを考えなくなる。下の者も国民も、あれは恩賜組だから適任だといって陸相にさせたがる。するとその男は、先のことを考えない。科学することをしない。時代から取り残される。精神論だけを強要する。それ自体大切なことだが、それだけでは勝てない。

勝つためには何が必要で、何が欠けているかを科学しなくちゃいかん。ところが幼年学校出から陸大に進んだ連中、なかでも、恩賜組という連中は、そこで終っている。物事を考えようとしない。これからは陸大出でなくても、やる気のある者をどんどん起用して行かないと、進歩がない。たまには外部から人を入れるのもよいのだ。そう思わないか」

しかし、二十五歳の独身将校には、返答できなかった。陸大に入りたいと思っていただけに、出鼻をくじかれたようなものである。

矢原には、機会があったら一度訊きたいことがあった。それはある雑誌に、「日本は最終的にはアメリカと戦うことになる。敵はアメリカだ」と書いていたのを読んでいたからである。
「副長は、日本は最終的にはアメリカと戦うことになる、と何かで読みましたが、中国やソ連ではなく、なぜアメリカですか」

矢原は勇気を出して、質問した。

するとと石原は、二、三度瞬いて言った。

「よくぞ訊いてくれた。君が知ってのとおり、最終戦争の相手国はアメリカになる。なぜか。彼らはインディアンの土地を奪い、自分のものにした。そこまでは許せるが、今度はアラスカ、メキシコ、そしてハワイを併合した。それも巧妙な手を使ってだ。そしてワシントン条約で日本の海軍力を弱め、その一方ではハワイに進出して海軍基地をつくり、空母を建造している。日本に近いウェーキ島、ミッドウェイ島にも基地をつくった。空母を建造するということは爆撃機を日本に飛ばすことを意味する。つまりだ、攻撃的な外交手段に出る。これでも言うことをきかんのか、と爆撃機を飛来させてくるということだ。アメリカはフィリピンを守るために、日本が目障りでならない。日本を同盟国にするか併合するか。それを足場に、朝鮮と満州に入りたいのだよ。なぜ満州と思うかね？」

「日露戦争で資金を出した狙いが満鉄の共同経営でした。それを日本が足げりしました」

高橋は自信なさそうに、声を落とした。

「そのとおり。彼らが狙うのは中国と満州。二年前に日本が一億円もの高額な金で買収した東清鉄道を共同運行して、満州里からシベリア鉄道に乗り込み、油田と砂金発掘が狙いだね。だから海軍は、仮想敵国をアメリカにして戦艦をつくろうとしている。なあに、オレにやらせれば、サイパンを海軍基地にして、爆撃機二百機と戦闘機五百機あれば、空母も戦艦もいらないのさ。アメリカはハワイ、ウェーキ経由で空母を日本との中間地点まで出して本土を爆撃するだろうが、その時にはサイパンから出撃して迎撃できる。制空権も制海権もこっちのものだよ。残念ながら、参謀本部も軍令部も、日支戦争で、作戦する余裕さえない。

なによりもだ、重工業を育てて、国力をつけなければいかん。オレは今年から五ヵ年計画で何十倍もの国力をつけ、アメリカもソ連も手出しできないほどの軍事力をつける方針を立て、国会も規模をかえて乗り出すことになった。けどなあ――」

石原は首を左に傾けた。これは彼が思い悩む時の癖であった。

「――けどな、まんまとソ連共産党と毛沢東の中共軍のワナにはまって、日支事変となって、ついには上海戦に引きずられた。いずれ南京や香港、インド支那にまで戦域を広げるだろうさ。国力はますます衰え、そのうちに南方まで海軍のために石油を買いに行くことになる。ついにはアメリカとの決戦だ。支那の背後にはソ連と中共軍がいる。南の方にはイギリス、フランス軍がいる。ヒットラーは同盟を結んで、日本を引き込もうとするだろうが、奴の腹の中を見抜かないと、オレたち日本人は、北はカラフト、千島列島、それにこの満州、朝鮮、南は台湾もサイパンも小笠原諸島も失うだろう。

幸いひとつだけ、道がある。それはこの満州で重工業開発をやり、産業を興して、飛行機も戦車も銃砲も製造し、大学や専門工業高校、鉄道学校、医学校をつくって満州人を教育させて戦力にすることだ。海外からの投資を呼び、満州で必要な物は全て満州国で造る。鉄道のレールも伸ばせる。余った分は国内に売るわけだ。

来年春に、イタリアの要人がくるらしいが、そんな奴らは呼ぶ必要はない。そのうちに満州でイタリア製造の爆撃機を上回る飛行機がつくれるだろう。それに向こう十年間、絶対に戦をしてはいかんのだ。ソ連が五ヵ年計画で国力をつけたように、日本も十年計画で考える。つまり昭和二十三年までは、絶対に戦をしないことだ。国力がつき、おそらくアメリカまで高度一万メートル上空をノンストップで飛ぶ爆撃機が造れる。原爆も造れる。新燃料開発も夢ではないぞ。プロペラなしで飛ぶロケット飛行機も造れるさ。国産車も造れる」

カーテンが開き、三人分の昼食が運ばれてきた。羊肉料理である。それに砂石が混じった赤めしである。精米がよくなく、砂石混じりの米を食べるため、兵士たちの間で盲腸炎を起こす者が多かった。

「満州では魚が食えんのか、残念じゃの」

「はい。そうですね」

「矢原君は山口人だから、うまい魚が沢山喰えたんだろうな」

「魚だけは。それに鯨も」

「鯨か。あれは中部といったな、利三郎という鯨うちに会ったことがあるよ。あの肉はうまいな。無駄な所は何もないそうだな。しかし朝鮮沖で釣れた魚なら、その日のうちにこの辺りまで運べるぞ、氷づけにしての」

三人は食事をとった。口の中で、砂を噛む音がする。石原は四分の一ほど残して箸を置いた。

「こいつをなんとかせんと、戦力にならん。全く、星野の奴は何をしとるのか」

石原は、底の部分に残った米を、左の手のひらに移した。

「どうされるんですか。もったいないです」

高橋が、首をひねった。すると石原は、

「これか。こうするのだ」

と言って外に出て、玄関前の広場になげた。

すると、いつの間にか野鳥が飛来して集った。野鳥は撒かれた残飯を突つきはじめた。

食堂に戻ると、外套を掴みとり、食卓に三人分のお金を置いた。

三人は礼を言って外に出た。まだ陽は高い。白屋根の駅には貨物車が停まっていた。日本人の駅員が平屋の駅舎から出てきた。食堂の向かいの建物は分隊の宿舎で、日本兵が出入りしていたが、こちらのことは、気付いていないのか、誰ひとり頭を下げる者はいない。

「延吉まで、二時間と見ていいか。土門子には夕方までに着きたい。たのむぞ」

車に乗り込むと二人に言った。

二人とも石原の雄弁を聞いて、すっかり心酔しているらしく、顔には心地よい緊張感が見られる。

3

高橋にかわって矢原が運転した。

敦化を走っているうちに、石原はこの地に方面軍司令部を置くことにした。東満の全司令部として、国境沿いに二個師団の軍司令部を東の図們と北の牡丹江に置き、松花江の佳木斯・依蘭方面からウスリー河に面した虎頭まで守備する。

今回はそのための前線視察であるが、作戦課長にも協和会の者にも腹案は話せなかった。

車は三日前とは反対に東向きに走る。村落の様子や近くにある山の姿が違ってみえる。右手の山を見ると、裾野の辺りが未開拓のままである。左の山裾も同じだった。平地の水田は朝鮮系満人たちの土地だが、山の裾野は地代の交渉次第では開拓できそうに思えた。

一時間ほどすると、前方に山が迫ってきた。道は裾に沿って曲がり、登り坂になった。峠に入った。下りに入ったとき、前方に盆地が広がってきた。延吉の辺りである。空は晴れていて、二機の偵察機が北から南へ低空で飛行した。

石原は峠で車を停めた。高橋と矢原は銃を抱えて周囲を警戒した。車から出ると、石原はポケットから小さな手帳を取り出して、簡単に地形をメモし凸の印をつけた。それは築城の印である。道は今走っている一本しかないから、攻められたとき、峠の位置から攻撃できる。

南の方は朝鮮領に続く山岳地帯である。その下にトンネルを掘り、京図線の鉄道が走っていた。

車は緩やかな坂道を土埃を立てて下る。

「副長、司令部にお寄りしますか？」

矢原がバックミラー越しに訊いた。

「いや。そのまま司令部の前を突っ走ってくれ。琿春に行く。そこから土門子に上がる」

「分りました」

平地に出た。訓練中の飛行機が右手の山の方で機首を上げていた。飛行兵団の基地には一個中隊の十二機の戦闘機が配置されていたが、いずれも旧式の複葉で、走度がない。石原が昭和六年暮に錦州城を攻めた時の飛行機と同じだった。

「こんなものでは役に立たない。今に高速機を満州で造ってやるぞ」

そう思って見上げているうちに、十二師団司令部の建物の前を通りかかった。茶色の二階建てだ。通りに面した門には当番兵が着剣して警護していた。二人の当番兵は黒の乗用車がサーッと走り去ったのを見て、互いに首をひねった。車からして、師団長の車と似ていたからである。しかし師団長の車なら二人が立っている門から出て行くはずである。

「今の車は？」

「分らないです。ナンバー未確認です」

「師団長の車でないから問題ないか」

二人は、互いに申し合わせて、警護に当たった。

石原が乗った車は、砂利の多い、水深の浅い豆満江を右手に見て走った。途中で大きな鉄橋がある。そこを渡ると図們市街に入る。車は鉄橋を右手に見て川沿いに進む。途中で左手に折れ、山に向かって登り坂になった。

兵隊を乗せたトラックと擦れ違った。矢原は車を左の崖下に停めて待機した。訓練の帰りらしい。兵隊たちは居眠りしているのか、荷台の中で揺れている。トラックも相当に傷んでいて、揺れが大きい。

よく見ると道路はデコボコが多い。タイヤがはまると大きく傾き、人も銃も倒れた。

「どうだね、運転手。このままの道路でよいかの」

「すぐに埋めませんと、車がいたみます。私は穴ぼこを除けてきましたが、トラックは除けようもありませんので、かえって故障します」

「二人とも、メモしとるか？」

「は、はい」

満人たちの畑が前方に広がってきた。豆満江の緩やかな流れは遙か右手にあった。その畑の中を突っきり山手の方へ左へ曲がると、平地が広がり、琿春の街が見えてきた。ここには一個中隊が駐留していた。家は平屋が多く、司令部の建物だけが二階建てである。道は碁盤目状に走っている。

琿春の市街をそのまま東に進むとソ連国境である。道路はソ連領のポシェット・バラベン、そして司令部基地のあるウォロシロフに通じる。戦時下でないので、検問をパスすればソ連領内に入れるが、商人に限り許され、軍人の出入りはたがいに拒絶していた。

石原は近くまで行き、日本側の検問の様子を車の中から見届けた。周辺は禿げ野原だ。日本側の検問所から百メートル先がソ連側の検問所である。しかし誰ひとり入国者はいなかった。石原は肩にかけていたライカの小型カメラを取り出すと、運転手の肩越しにシャッターを切った。

このカメラは大正十三年、ドイツに留学している時にベルリンで買った小型カメラで、彼は作戦用に要所をフィルムに納めた。

「よし。さっきの分岐点まで引きかえして土門子に出よう」

車は引きかえした。十分ほどすると道が左右に分れる。そこを、右に向かった。広い畑地が広がっている。老龍口駅に続く軍事鉄道のレールが見える。二輌編成の貨車が南に向かって走っている。

左手は畑地だが、すぐ右手は緩やかな国境の山なみが続いた。それら山の頂上近くまで互いに前線を進めている。ソ連側から見れば琿春一帯や鉄道輸送状態が観察できる。同じく日本側からも、遠く日本海とソ連の前線基地の様子が遠望できた。

途中で坂は登り坂になった。一個中隊が駐留している土門子の基地に入った。石原はここで初めて車から下り、木造平屋の中隊司令部の建物に入った。

驚いたことに、建物の内部は散らかっている。退屈していたのだろう、机の上には将棋盤が置かれ放しである。土蔵のようなうす暗い建物の中には、二人の将校と六人の兵隊がいた。

高橋が「入ります！」と声をかけたが、誰も反応しない。

「副長の視察だ！」

矢原が大声で叫んだ。その時、二人の将校が起立して挙手した。

「誰か、案内してくれないか」

と石原は言って、すぐに外に出た。腕時計を見ると四時近い。まだ外は明るかった。

「花村であります」

中隊長の花村大尉が突然の石原の視察に驚き、敬礼した。彼には、石原が副長になったことも知らされていなかった。

「副長のご就任、おめでとうございます」

と心をこめて挨拶したつもりだったが、石原は「何が、おめでたいものか」と憮然とした。

「中尉、これはどういうことだ？」

花村が矢原に耳打ちした。矢原は、

「けさ、突然のことです」と伝えた。

「聞いてないぞ」

「自分も、けさ」

花村は、矢原の背中を得意げに、ゲンコツで叩いた。

石原が先に車に乗り込んだ。花村中隊長は建物の裏から出てきた黒い乗用車に乗り込み先導した。

前線の要塞は、いずれも国境に近い。その後方に望潮山陣地が築城されている。司令基地からはそれでも五十メートルほど高い所にある。花村は永久陣地前で車から下りた。そこから前線要塞まで約二百メートルの山道を歩いた。

コンクリートの前線要塞からは国境の稜線の山なみが見える。互いに夜になると国境まで近づき、敵陣地の様子を偵察していた。何度かソ連兵と鉢合わせになったことがある、と一人の少尉が言った。

「何か必要なものはないか」

石原は少尉に訊いた。少尉は自分の口から言えず、花村大尉を振り向いた。

「敵軍はバラバシ基地から直接この真下まで道路を伸ばしております。この近くの永久陣地だけでも五個所、野戦陣地は二十個所、バラバシ基地までの間にはさらに永久陣地が見えます。こちらとしては野砲隊、山砲隊一個中隊を要請しているのですが、三ヵ月たっても、返事がありません」

花村大尉が口元をとがらせて苦言した。

「それは悪かった。日支事変で兵器調達に見通しが立たなかったんだろう。これからも見込みはないだろう。ただし満州で造れるようになるから、その時は充分間に合うぞ。それまではソ連軍とは撃ちあわず、睨めっこだな」

「は、はい！」

花村の口もとが、ちょっと緩んだ。前線の少尉の顔が、ほっとした表情に変わった。

石原はソ連領が見たくて、右手の藪の中に入り、望潮山に上がった。顔を出すと撃たれかねないので、背を丸め、岩に肘をつけ、双眼鏡で眼下の建物から、はるか彼方までレンズの焦点を合わせた。

「なるほど。砲身が沢山あるの。ざっと五十門か。あれがウラジオストック港か。軍艦が十、十一……十二隻いるぞ。大きな巡洋艦が二隻だ――潜水艦もいる」

バラバシ基地までの軍用道路は、周辺の住民を追い払って工事したもので、土埃を上げて走る軍用車が肉眼で捉えられた。基地の街は白いコンクリート建のビルが何十棟も建っている。

飛行機も見える。これは新発見だった。航空担当官の知らない飛行場だった。石原はすぐにカメラに納めた。

双眼鏡を北に向けると、司令本部のあるウォロシロフの町が見えた。その辺りの様子は全く分らないが、貨車が南下しているのが見える。

八年後の夏、ソ連軍はいま石原たちが隠れている望潮山一帯を空爆し、国境を越えてなだれ込んだ。手うすになった土門子や東寧の基地は、わずか三十分で落城し、日本軍は西へと逃げて行った。

石原たちが潜入しているのが、敵軍に発見されたらしく、偵察機が二機、北の方から稜線の近くまで接近してきた。石原たちは慌てて藪の繁みの中に身を伏せた。

4

土門子からさらに北へ一時間ほど進むと、軍用トラックの出入りが多くなった。すでに陽が沈んで、辺りはうす暗い。

東寧は図們駅から新興経由で北東に三時間である。山間を進んだ終点の駅で、ちょうど土門子の西側の山脈を越えた位置になる。軍用の東満鉄道が昭和十年に敷かれ、急激に基地や分隊駐屯地が設営された。鉄道に沿って軍用道路も整備され、東寧には軍人家族の他に日本の商人たちが居住していて賑わった。ホテルも六軒あり、軍人家族が一時的に使っていた。

新興駅は図們駅から五つめで、ここで東の東寧駅方面と北の牡丹江駅方面に別れる。次の汪清駅はのちに日本の製紙会社が製紙工場を建設して、人口五千人の日本人の町になった。北も東も白樺の原生林が続く。

石原たち一行は、東寧基地で旅館を捜して一泊した。建築材に恵まれているせいか、町の家は殆どが木造建築である。石原たちが泊った旅館は木造二階建てで日本風であった。内地からの大工が建てたもので、どこか石原が生れた鶴岡の建物に似ていた。

強行軍だったため、風呂に入り、夕食を摂るや、さすがの三人とも倒れるように眠ってしまった。

東寧から北へ一時間先の綏芬河《スイフンガ》の国境は海抜七百メートル前後の高地である。東寧は平地だが、それでも標高は海抜二五〇メートル前後もある。十月上旬の夜は真冬のように冷え込んだ。どの家も伐採した丸太を燃料にしたダルマストーブをたいていた。

東寧はソ連軍司令本部のウオロシロフから西に四十キロと、最も近い位置にあり、国境を挟んで正対していた。ソ連軍も日本軍の侵入を防ぐため、満州事変直後から一斉にトーチカ工事に着手した。軍用鉄道を国境近くまで敷き、終点グラナトーフカ駅周辺はひとつの大きな基地の町になっている。そこからはさらに国境近くへ道路を伸ばし、国境から十キロ近くに、国境の川に沿って南北へ約百キロに亘って築城している。また三つの基地の町があり、家族が移り住んでいた。

東寧正面だけでも二一四個所、北へ向かってバタヘーザ河沿いには八六個所、さらに北の綏芬河正面には二九一個所の要塞が築城されていた。これらの前線要塞から十キロ後方のアレクセーエ・ニコリスクは、昭和十年に築城が完成していた。同じく後方にはボガイツルカ基地を構えて、司令本部のウオロシロフを守備していた。守りと攻撃に全体の半分近い戦力を備えている。

日本側も東寧陣地に主力を注いだ。昭和十二年当時は廓亮船口、勝開山、狼洞溝、高安村の四拠点を中心に南北十六キロ、東西八キロの地域を守備していた。

ここには一個師団、野砲中隊、砲兵中隊が守備についていた。師団司令部は後方の城子溝で、いざ決戦となると最初に攻撃される運命にある。

朝食をとって出発する直前のことである。師団参謀長が慌てて車で乗りつけてきた。土門子の中隊長から電話連絡が入り、挨拶に見えたのである。

「事前にご連絡いただければお迎えに出かけたのですが、恐縮であります」

中沢という大佐は痩身を折って謝った。

「誰に聞いたんだね」

「土門子からです」

高橋と矢原は思わず顔を見合わせた。二人は秘かに昨夜司令部の冨永課長宛に居所を伝言していたが、不在だった。当直の参謀が電話に出て、伝言を受けとっている。

「なぜ、司令部からではなかったのかな。まだ伝わっていないらしい」

と高橋は判断した。課長には「必ず着いた先から居所を伝えるように」と言われていたので伝言したのだが、ちょっと心配になった。

「さあ、出かけるか。確かに飛行場もウオロシロフの司令部も見えるんだな」

「はい。ご案内します」

石原はドアを開け、乗り込んだ。東寧は綏芬河と共に、東満州最大の要塞地で、牡丹江から直接鉄道が敷かれ、支援部隊がいつでも送り込める態勢になっていた。

国境に大烏蛇溝という川がある。綏芬河の上流の川で、この川を挟んで敵味方が正面で睨み合っていた。互いに山を要塞にしていて、近い所では国境まで一キロもない。双方とも望遠鏡で相手陣地の砲身が見える距離だった。

石原は師団参謀長の案内で、南から北へと視察した。最初は第一地区の勝開山の要塞である。この山は標高二三八メートルである。国境の川を隔てた十キロ先のソ連領には二四四メートルの山が二つあり、要塞になっている。山は北の方に進むにつれて多くなり、いずれも強固な要塞だった。

すぐ後方には前線駐屯地のポルタフカがあり、道路は国境の川まで伸びていた。日本軍は綏芬河の上流の国境の川を隔てた軍用道路の正面に、三岔口《サンチャコ》基地を置き、東寧最大の要塞を築城していた。

この日、石原は一日かけて各地区の要塞基地、野戦陣地を視察し、自分の眼で何が欠けているか、何が必要かを判断した。開戦となると、最初に攻められるのは東寧だからである。

見終わると師団司令部に入った。その夜は師団長を含めて、要塞築城とソ連軍の状況分析に入った。

開戦となれば、先ず空爆戦になる。その後は制空権をとった方からの野砲攻撃になる。

「飛行兵団を強化してほしい。牡丹江の飛行団を今の三、四倍ほしい」

師団参謀長の中沢は、その他に電気が不足していると苦情を言った。

酒が呑めない石原は、出された菓子をばりばりと食べ、お茶を飲んで会議を続け、九時には旅館に戻り、横になった。

第５章

綏芬河

1

東寧から綏芬河《スイフンガ》までは車で一時間の道のりである。その間、石原は途中の要塞を視察し、分隊長や前線の兵士たちから情況を聞きとった。そのたびに、矢原と高橋は、体を乗り出してメモをとり続ける。

国境には南から第十（鹿鳴台）、第二（綏芬河）、第十一（観月台）の国境陣地がある。

鹿鳴台は海抜七百メートルで、地形上は東のソ連側へ傾斜している。満州国側が高台にあり、ソ連領に向かって傾斜しているので見通しがいい。しかしソ連側は国境ぎりぎりの所に要塞を築いているので、顔を上げると下から銃撃されやすい。

鹿鳴台には永久要塞を築き、野砲陣地も構えていた。この陣地は軍用道路から近く、北の観月台陣地とは一本の道路で結ばれていた。

しかし石原は、空爆への備えがないことに気付き、縦横にトンネルを掘って移動できる必要を感じ、高橋にメモをとらせた。

北へ進む。左手には広大な畑が広がってきた。右手は国境の山だ。百キロ以上に亘って続く。車を走らせていると、左手の広大な畑地に平屋の兵舎が広がってきた。自給自足らしく、放牧された乳牛も見える。

右前方は、旧ロシア建築の家が傾斜面に立つ綏芬河市街である。東清鉄道の最東端の都で、ロシア帝国時代につくられた石造りの駅舎がある。石原は線路の上の架橋の上で車から下りた。初めて見る東端の、国境の市街地だった。

右手の丘には階段状に家なみが駅の方へ下りていた。駅舎の前の国道は平らで、プラットホームは駅舎より一段低い所にある。この駅を中心に、坂の街が右手の丘に駆け上がっている。

この街をスターリンがいとも簡単に手放した理由が、石原には理解できなかった。今彼が立っている架橋は国境に沿って北の観月台から南の東寧、さらには土門子、豆満江の国境の市図們を結ぶ軍事道路で、この橋を爆破されると援軍の手段は断たれかねない。

「万一に備えて、線路の左側の平地に予備道路をつくる必要がある。これまでの副長や、参謀たちは何を見てきていたのだ。手のあいた軍人を出動させて第二軍用道路を平地に造るべし」

石原が話す言葉を、高橋と矢原が必死にメモする。

車は、古い石造りの駅舎の前を通り、北へ走った。綏芬河の左手には西屯、阜寧鎮の二つの駐屯基地がある。右手は緩やかな丘で、樹木が少ない。この丘の尾根が国境だった。互いに正面で睨み合っている。ちょっと首を出したばかりに撃たれることもあった。

石原は尾根に向かって車を登らせ山田台に着く。

路はジグザグに上がる。ソ連も日本軍も尾根を境に要塞を築き、敵陣地を窺っていた。

日本人が名付けた要塞に靖国山がある。綏芬河の東側にある標高五八一メートルの山で、ここから下りになる。国境線が東斜面にある。日本軍は永久要塞を築き、眼下にソ連の前線基地グロデコボとパラノオレンフルスキーを見下ろせた。

ソ連軍は国境の真下まで軍用鉄道を伸ばしていて、国境沿いに南北へ三十キロに亘って強固な要塞を築いていた。日本側は、山田台の前線基地がすぐ近くにあり、互いに息を殺していた。

突然の石原の視察に、指揮官が驚き、慌てて西屯基地の司令に電話をかけた。

「きのうも偵察に出た者が二人殺られました。相当に近づいてきております。戦争道路を築いているのが見えました」

少尉の一人が背筋を伸ばして言った。何ヵ月も風呂に入っていないのか、顔はコールタールを塗ったようにまっ黒である。小さな眼はガラス玉のように白眼がない。

「ここは何人だ？」

「五人です」

「交替は？」

「五日です」

話していると、下の方から車の音が聞えてきた。ドアが閉り、丸顔の将校が下りてきた。

「中隊長の大林であります」

と言った。

「敵さん、接近しとるな。ここは戦車ルートだ。戦車用のカラ堀が要るな。このままじゃ、どうぞお通り下さいではないか。なぜやらないのだ？」

「参謀部の指示を受けておりませんでした」

「最近、誰か見えたか」

「自分が知る限りでは、この一年間誰も、見えておりません」

石原は矢原に「メモしとけ」と命じ、要塞から西屯のある下の方をカメラに納めた。畑地が広がっている。戦車が通るには格好の畑地である。

「対戦車用のカラ掘りは、ここから西に向かって何ヵ所あるかね」

「まだであります」

「ないのか。のんびりだね。戦がないから、酒をくらって芸者遊びしている暇があるなら、直ちに穴掘りしておけ。観月台までの十キロ先はどうなっているかね」

「はい。野戦砲陣地を、半截河近くまで、であります。そこから先は密山へ続けております」

「今夜、時間をくれ。観月へ登ってみる」

観月台は、標高六四一メートルの巨大な要塞である。国境に接していて、最東端の物見山、忠山、干城山は、いずれも六五〇メートルの高い山で、永久陣地がある。綏芬河に向かって金龍山、大口山、天長山の要塞が続く。谷を挟んだ向こうのソ連領にも六八〇から七百メートル級の山が連なり、互いに築城して、監視していた。

石原は観月台陣地の中隊長に会い、近くに敵陣地の基地が工事中であるのを聞いた。基地ができることは中隊以上の戦車隊が編組されていることを意味する。

その夜、石原は二人の中隊長らと夕食をとりながら状況分析に入った。

日本側の守備隊は歩兵五中隊と砲兵二中隊、工具一隊で編組していた。望月台陣地は歩兵四中隊、砲兵一中隊、工兵一隊で編組されていて、幸いなことに、樹木で遮蔽されていた。逆に言えば敵陣の様子が偵察しにくい面もある。

　石原はここでも、対戦用「カラ堀」を強調した。戦車は構造上道路走行だが、弱点は走行不能になる堀と湿田である。

　ソ満国境は緊張しているにもかかわらず、二キロ退がった綏芬河市街は賑っていた。坂の街にはロシア人や中国人経営の酒場の他に、日本人経営の旅館や食堂、宴会場、居酒屋がある。人口も十万人近く、大半が日本人だった。軍人家族が多く住み、牡丹江と綏芬河間の鉄道は日本人や軍人たちで賑っていた。

　しかし夜になると、中国人や中国人系ソ連密偵員が暗躍した。顔形からはスパイであるかどうか見抜けないだけに、国境のまちでの取締りは不可能に近かった。

2

　綏芬河では旧ロシア建築のホテルに泊り、翌朝百キロ先の半截河を、さらに三十キロ北の密山へと移動する。この一帯は湿原が多い。ソ満国境の湖興凱湖に注ぐ湿原の川の支流が蛇行している。

　しかしソ連は興凱湖の西側に沿って軍用鉄道を伸ばしていた。国境最北端にはツリローグという基地をつくり、国境に沿って野戦トーチカを南北に築き上げている。湖が凍結する冬場は湿原も凍り、スキー中隊の氷上攻撃が可能になる。

ソ連領には標高八五四メートルの剣山がある。ここからは西側の日本陣地の様子が一望されるので、地形上は不利だった。日本軍は国境から十キロ後方にベトンの野戦陣地と永久陣地を築いて守備に当たっていた。編組は機関銃と連隊歩兵砲、砲兵二中隊、工兵一中隊、山砲、高射砲で守備していた。

石原の一行は密山で一泊し、湿原を流れる小川に沿ってウスリー河に面した虎頭を目ざして、悪路を進んだ。その手前の虎林は、一個中隊が守備についていた。東安を出て間もなかった。車が湿地にはまったのである。道路はぬかるみ、タイヤがはまって動かなくなった。

三人は車を押した。それでも動かない。石原は腐った古木や枝を集めると後輪の前に敷き詰めた。高橋がエンジンをかけ、石原と矢原がうしろから押すのだが、四十九歳の副長にはまだ力があった。二人ともどろんこになり、気合いを入れて押した。

不運にも雨になった。それも氷雨である。諦めて車の中に入り、氷雨をしのいだ。しかしこの時の氷雨で体が冷え、石原は熱を出した。すでに陽は落ちかかっていた。

三人は、そのまま車の中で一夜をあかすことになったが、その間に石原は悪寒に襲われた。雨でますます道路は湿地に変わる。周囲は見渡す限り湿地帯になり、何も見えない。

矢原はどこかに農家があるだろうと、今きた道を引き返したが、見つからず、暗闇の中を引き返してきた。三人は足をフロントガラスの方に上げ、石原はシートの上に足をおき、ずぶ濡れのまま、車の中で一夜をあかした。

雨は朝方になってやんだが、窓の外を見たとき、突然矢原が叫んだ。

見ると、周囲は昨夜の雨で湖に変わりはてていたのである。辺りは何もない。車は床まで水が入り込んでいた。三人は足を上げたまま水が引くのを待った。

腕時計を見ると、朝の八時を過ぎている。

「副長、大丈夫ですか」

高橋と矢原が後部座席の石原に声をかけた。石原は顔から外套をかけ、膝を折り、横になっていたが、顔は熱で真っ赤である。唇が震えていた。

石原は、最初から、東安からそのまま軍道を走ればよかった、と後悔した。しかし、こうなっては水が引くのを待つ他ない。

陽がさして来た頃だった。後方で人の声がした。満州人の農夫が、片こと日本語で話しかけた。すでに状況を掴んでいて、ロープを二つの後輪に巻きつけている。矢原が車から下りて見ると、後方に牛車が一台止っている。辺りは水が引き、所々に小川の堤防が浮き出していた。

農夫は、朝絞った牛乳やチーズなどを司令部のある虎林に届ける所だった。牛車の向きをかえ、荷台のフックにロープを結んだ。そして牛の尻をパンと平手で叩いて合図した。三人は車から下りていたので、車は軽々と動いた。

高橋と矢原は、農夫の名前を聞き、礼を言った。それから十キロ先の虎林の基地に車をとばし、病院を捜した。

虎林は東安と違って日本人の手で新しく作った最前線基地の町で、十キロ先に虎頭がある。イマンはウスリー河の川岸に位置する。互いに肉眼で見える距離である。日本軍が虎頭に前線基地を伸ばすとシベリア鉄道イマン駅とは五百メートルと接近したため、スターリンはさらに十キロ後方にもう一本レールを敷き迂回線を作った。戦時下に入ると迂回線に切りかえている。

虎林には軍医の他に二軒の医院があった。高橋と矢原は一番近い寺田医院に石原を運び込んだ。医者は石原の顔を知っていた。慌てて診察した。氷雨にあたり、風邪をひいていた。

「四、五日入院して様子を見ましょう。肺炎になってはどうですか。それにしても、これはどうしたことですか。中隊長に連絡とられてはどうですか。そこに電話がございます」

医師は、聴診器をあてて、石原の肺の音を聴いた。ヒイ、ヒイという音が聴こえる。

「蒸気のある暖かい部屋で暫くお休み下さい」と言って、二人に手伝わせた。

「オレは大丈夫だ。一日休めば治る」

「いえ。昨夜、寒さで眠れなかったはずです。肺炎を起すと大変です。薬もございませんから、絶対安静が大事です」

高橋は、石原を病室に運ぶと、医師の机の上にある電話をかり、関東軍司令部の冨永に電話を入れた。冨永はすぐに虎林の中隊長に電話をかけたらしく、石井という中隊長が車で駆けつけてきた。しかし石原は医師の精神安定剤の注射で眠りについていた。

「おまえたちは、なぜ連絡くれないのだ！」

石井隊長が高橋と矢原を怒鳴りつけた。

「別な道に入りましたので、民家もなく、立往生で、誠に申し訳ございませんでした。医師はあと四、五日休養が必要とのことです」

「今すぐ軍医もくる。それにしてもお前たちは、とんだことをしてくれたな。いくら副長が行くと言っても引き止めるのが役目ではないか。二人も揃いやがって！　聞いとるか！」

「申し訳ございません」

石井隊長が二人を怒鳴っているとき、玄関の外で車が止る音がした。ドアがバンと閉まり、荒々しい靴音が近づいてきた。軍医の立林昭平少佐である。

石井が耳うちした。立林軍医は小さく頷いた。それから寺田医師に、ふたこと、みこと話しかけた。寺田医師の話に耳を近づけた立林軍医も、小さく頷いた。

「誰か一人残れ。もう一人は隊本部へ」

三人は寺田医院を出た。寺田医師が石原に「おいしいスープを」と言った。

高橋が残り、矢原が一緒に中隊本部に出かけた。軍医は遅い朝食をとり、高橋に朝食を届けた。

入院二日後に退院すると、石原は中隊本部内の病室に移った。隊食をとり、元気を取り戻した。五日後には二人に声をかけ、虎頭前線の視察に出発した。

ソ連軍がイマンを中心とする地区に野戦陣地を構築し始めたのは昭和八年からで、ボロウニカ山の陣地には機関銃座が設けられた。日本軍は対岸の湿地帯を調査し、ソ連軍の侵攻を防ぐため築城を計画したが、資金がなく、そのまま中断されていた。

「ここは上陸しやすいな。前線基地を強化せんといかん。この川下の饒河あたりはどうなんだい」

「ビギンスカヤ駅から、ウスリー河に進んで守備用の野戦陣地が四カ所見つかっております。これは日本軍の侵攻を防ぐ意味と受けとれます」

「明日、下りて見ようか」

「ご案内します」

「途中でいいぞ。その後は松花江の方へ回るつもりだ。けど、油断するなよ」

石原は石井隊長の案内で百キロ先の饒河まで下り、そこから大湿地帯を横断して松花江とアムール河が合流する中洲に近い同江という永久要塞基地に入った。二つの河の合流地の中洲はフロンワット島と呼ばれるが、この島はハバロフスクの防衛前線基地だった。両方の河を下ってくる戦艦を正面で捉える意図から、昭和八年に要塞化していた。

「この下流にも砲台基地が設営されました。対岸のこちら側を射程内に置いております」

「凍結期にスキー部隊が攻めてくるぞ。準備だな」

「はい。分りました」

「何かあったら、策を講じる。直接オレに電話くれ」

「ありがとうございます。石原副長だけです、前線を見られた参謀の方は」

「これから、たびたびくるぞ」

3

石原の一行は松花江に沿って佳木斯《ジャムスン》を目指した。日露戦後、ハバロフスクから渡船で満州に渡ったあと、馬車で松花江に沿って佳木斯経由で哈爾濱へ出る日本人が多かった。今は自動車になっているが、逆にハバロフスクへ下る人は、船底の浅い客船を使っている。

哈爾濱からハバロフスクへ流れる松花江は、満潮期に川を上ってくるソ連軍の戦艦砲撃及び上陸戦が想定された。船底の浅い二千屯級の大型戦艦はハバロフスク港に係留されていて、佳木斯の市民は艦砲射撃の脅威にさらされていた。

日本軍は作戦上この一帯を東北部正面といった。アムール河から小興安嶺の東側の鶴立崗線に沿って松花江の佳木斯へ通じる一帯である。幸いこの一帯は湿地帯が多く、ソ連側からの上陸はあっても、攻勢に出にくい面から、日本軍は陣地守備隊のみ残している。

石原は佳木斯の百五十キロ下流の富錦の永久要塞陣地で車を下りた。ここには日本人の開拓村もあり、日本人村になっている。後方十キロ地点にはこの辺りでは珍しい五百メートルのウルコリー山がある。そこからは松花江の向こう岸まで見通せた。

松花江はソ連の偵察隊やスパイの侵入ルートで、港町は情報源になっていた。日本側も特務機関員を多数送り込んでいる。満州人の情報員を使い、潜入させていた。同じ顔なので、見分けがつかず、毎日のように、敵味方の情報員の死体が松花江に浮いていた。

石原たちは富錦で一泊した。そのあと、翌朝早く佳木斯をめざして松花江沿いの道を南下した。

車で走りながら、ソ連海軍の攻撃に備えるため、歩兵二大隊と砲兵一大隊、ウルコリー山に歩兵一大隊が必要と感じる。

佳木斯に着いたのは午後になっていた。

佳木斯は日本人が作った港町で、駅を中心に碁盤目状に道路をつくり、商港都市として賑った。哈爾濱からは広州丸が定期便で運航され、開拓団が上陸している。ここから牡丹江までの道は下り坂になり殆どが開拓団の村で、学校から病院までである。十二年一月に牡丹江から佳木斯まで鉄道が開通すると、南の図們駅から佳木斯までの図佳線がつながった。三江省の省公署も置かれ、佳木斯は人口二十万人の、河の港町として賑った。

佳木斯に着いた日、石原は異常な疲れを覚えた。排尿がうまく行かない。腰の辺りが重く感じられた。体が重く、鉛を背負っているようだった。

高橋が気をきかして、大隊司令部に車を走らせた。大隊長は連帯会議のため牡丹江師団へ、車で出かけたばかりだった。

「軍医どのにお会いしたい。私は作戦課員の高橋と矢原です。車の中に重病のお方がおられます」

大隊司令部が入っている古いビルの玄関で警備兵に告げた。それを聞いていた一人が階段を上がって行った。暫くして重い足どりで引き返して、言われたとおりに、

「軍医どのは、この近くに病院があるから、そこで診てもらってこい、とのことです」

と伝えた。矢原の眼が釣り上がった。

「バカ者！　とにかく、軍医をここに連れてこい。できんというなら、オレが行く！」

矢原は言い終わらないうちに階段を駆け上がった。

医務室は一階の廊下の突き当りにある。軍医は二階の大隊長室でマージャンをやっていた。

「まっ昼間からマージャンですか！」

矢原が山口弁で怒鳴った。

その声に、四人は面倒くさそうに振り向いた。大尉の一人が銜えタバコで怒鳴りかえした。

「きさまに言われる筋合いはない！　きさまは誰だ！　何の用だ、中尉！」

「作戦課の矢原であります」

「うん。それで？　何の用だ？」

「軍医どのに用があります。玄関先に、重病の方がおられます。作戦上名前は言えません」

「言えん？　知り合いのチャンコロだろ。中田軍医さん、行かんでいい。手を休めんでくれ。おい、中尉。この先に井上動物病院がある。外科もやってくれるぞ」

「あなたたちが、その方のお名前を聞いたら、きっと震えがきます。よろしいですか」

「だから、なんだって？　こんな所に司令部のお偉い方が来たことはないぞ」

「ただ今、下に見えております」

「うそだろ。これが終ってからにしてくれ。あっちへ行け」

大尉は蝿でも追い払うように手を振った。

二階でのやりとりは、玄関先にいる高橋にも聞えた。高橋は「やむをえん」と言って、車のドアを開き、石原を下ろした。高熱で、体が折れている。高橋が石原の左腕に手を回し、玄関のドアを蹴って中に入った。二人の守衛が参謀服に気付き、慌てて道をあけた。

「高橋、二階は、だいぶ賑っとるの」

石原は医務室への廊下を歩きながら言った。

「弛んどります。暇でしょうがないのでしょう」

「ヒマか。だろうな」

高橋と石原は勝手にドアを開け、医務室に入った。高橋は石原を診察用のベッドに寝かせ、軍靴を外した。

素人の彼にも、石原の体調の悪さが想像できた。顔が真っ青になり、苦痛で歪んでいる。

待っていると、多分に矢原が石原の名前をもらしたからだろう、複数の慌しい足音が、駆け下りてきた。ドアが開き、軍医服の男を先頭に、五人は凍ったように直立不動になった。

「軍医だけでよろしい。他の者はマージャンを続けろ。あとで、お偉いさんの名前を聞かせてくれ。矢原、メモだ」

「は、はい！」

石原は鋭い眼で五人の顔を一喝した。

「お分りでしょうが、絶対に他言は無用です。ここにおられる人たちと守衛二人以外、胸に固くしまって下さい。矢原がお名前を確認いたしますので」

高橋はそう言って、矢原に指示した。

「だから、私が、名前は言えないと言ったはずです。この土地に、どれほどのスパイがいるか、またこの部屋にもいるかどうか、私は知りませんが。もしソ連側に知られたら、どうなりますか。私から申し上げるまでもございません。もっと早く、応じていただきたかったです！」と矢原は、語気を強めた。

診察の結果、石原は腎盂炎だった。放っておいたら尿毒症となり、重症になるところだった。この日、睡眠をとり、排尿措置をして、三日間、離れの病室で治療を受けた。

高橋は電話で作戦課の富永に知らせた。富永は会議で不在だったが、電話口に出た男には、必ず伝言するようにと、念を押した。

石原が入院している間、石原にかわって高橋と矢原が現地を視察し、前線の情報を聴きとってメモした。それを矢原が、ベッドに横になっている石原に、口頭で伝えた。

入院三日目の朝である。大隊長の中林中佐が石原の病室を見舞った。中林中佐は師団本部での会議から帰ってきたばかりだった。

「二日間も会議とは、よほどの大事件でも起きたのかな。オレのことは、知らされてなかっただろうね？」

「は、はい！　師団長にも。はい」

「綏芬河と牡丹江は車をとばせば二時間だ。電話なら五秒。師団参謀はよほど忙しいと見える。どだい、師団参謀なんて不要の肩書きだ。補佐官でこと足りる。君たちも、誰と話した方がいいか迷うだろう。連隊参謀なんて、もっと不要だ。役人の肩書きにすぎん。パイプが腐って、水道水が流れんのと同じだ。直接、大隊長は連隊長に、連隊長は師団長に直言することだ。作戦も、すぐに立てられる。これからの関東軍は、そのように変えて行くつもりだ。師団本部は毎晩宴会続きと聞いとるぞ」

「決して。帰宅が遅かったものですから」

「ここの連中に箝口令を出しておいたからな。だけど大隊長。暇なりに週の三日訓練、四日間は農作業をやって兵隊の自給自足をやることだ。食いぶちは自給自足だぞ。こんな大地で、やれんことはない。税金に頼るな。それと、昨夜こっそりと各部屋を見させてもらったが、本がないな。中隊長以下、全員で本を読むことだ。作戦、戦史関係は勿論、支那の古い本を読む習慣をつけさせよ。支那語とロシア語は全員必修課目。ドイツ語、英語、フランス語を兵隊にまで教えてやれ。

研究会を主催するのも方法だ。大隊長名で表彰してやれ。戦うだけが軍隊ではないぞ。人間教育だ。東條参謀長も、そういうことを言っていただろう？」

「分りました。必ず、全員に、研究の習慣を身につけさせます。参謀長のお顔は、誰も拝顔しておりませんので……」

「参謀長の顔なんか、見る必要はない。所詮憲兵だ。作戦できる男ではないし、やったこともない。君たちの方が、はるかに人物だ。オレは、各隊から、来春できるアジア大学に、留学生を送る制度を考えとる。聴講制度だ。各大隊から二名、毎年留学させる。期間は平時で半年間。戦時下はなし。それでも不足かい」

「隊員たち、喜びます」

「そう思うか？」

「は、はい。それはもう。マージャンは禁止させます」

「情報とりに限って許してやれ」

大隊長は冷や汗をかきっぱなしだったが、ようやく、彼の顔には、安堵の表情が戻った。

「副長は、これから牡丹江でありますか。師団長にご案内いたしますが」

中林中佐が訊いた。すると石原は、

「師団長にはいつでも会える。申し訳ないが、対岸へ車で渡りたいのだ。筏をつくってくれんか」と言った。中林は唖然とした。

「蓮江口へ渡るのですか」

「体調もよくなったことだし、鶴岡からアムール河に出たい。道を教えてくれないか」

「その道は危険です。匪賊がおります」

「未開拓の地に青年開拓団を入れ、警備と情報に当たらせたいのだ。地形を見ずしては判断できんではないか」

「途中まで、一個小隊を同行させます」

「オレは断っておくぞ」

4

四日目の朝、石原の一行は佳木斯を発った。四日間の休養で、三人とも元気を取り戻していた。緑色の松花江は、ゆったりと流れている。引き潮だった。下流へ浮物が流れて行く。

大隊長はドラム缶と丸木で筏を造った。その上に車を乗せ、三人は腰を下ろした。筏は向こう岸へ渡したロープを、隊員二人が向こうから引き、誘導した。

鶴岡は石炭産地で、松花江から佳木斯に運ぶルートと、川沿いに哈爾濱の対岸まで鉄道貨車で積み出すルートがあり、石炭は火力発電用に欠かせなかった。その鶴岡の炭坑の町から北へと山道を走ると殆ど未開地で、小高い山が連なる。湿地帯が多く、稲作に向いているが、まだそこまで農業技術は普及されていなかった。

鶴岡から佛山へは五時間の山道である。佛山の前方にアムール河が見える。河の土堤に上がるとアムール河の下流が広がり、対岸は見えない。所々に中洲があるが、雨季になると水に呑み込まれる低地である。

作戦上は河を越えて湿地帯を進むには、相当の機材が要る。満人の農家が四、五軒あるだけで、電気もない。鶴岡からの途中には集落が一個所あった。その一帯は山林と湿原が広がっていた。

「だけど、鶴岡への道から侵攻されると、松花江への近道になる。この地に、守備隊と青年開拓団を送り込み、日本人の集落をつくることだ。満州人と仲良くして、互いに情報を交換する意味でも、またソ連のスパイや共産党系工作員の侵入を防ぐ意味でも、ここに集落をつくる必要がある」

作戦上は効果はないが、開戦となるとアムール河をソ連の軍艦が往来するはずで、見張りの意味でも、日本人村をつくる必要を感じた。

幸い道はアムール河に沿って瑷琿《アイグン》や黒河にまで続いていた。石原たちは、佛山で護衛してきた佳木斯大隊の一個小隊と別れた。

ドロ道は馬車一台が通る細い道で、走っているうちに高台に出た。眼下に広いアムール河が、その向こうにソ連領の山林が一面に広がっている。

石原はその辺りに農家がないのは、水に原因していると思い、車を止めた。なるほど、台地だ。アムール河より百メートルほど高い位置にある。しかも辺りは樫の木林である。こんな寒い土地に、本来は暖かい土地に繋がるはずの樫の木が育つのが不思議に思えた。

南の方は唐松林が続く未開拓地だ。水さえあれば、要塞になる。見張るには絶好の位置だと、石原は新しい発見にうれしくなった。

その台地を二十分ほど北へ走った。それでも農家らしい建造物はない。暫く台地を走ると、山道は下り坂になり、川に出た。アムール河に注ぐ支流のひとつである。支流があるということは、上流には湿地帯があることを想像させた。水源地は何処になるか。石原は地図を広げさせた。

「副長、孫呉を抜けて大興安領です」

と高橋が言った。

「そうか。それならこの川の中間地に、川をのぼってくる敵軍を見張る意味で、要塞基地が必要だな」

彼には、つい四ヵ月前に起きた乾岔子《カンチャーズ》島襲撃事件が思い出された。アムール河の二つの中州には、砂金掘りの満州人が入植して生活していたが、突然ソ連の軍艦十隻が中州を襲撃して満州人を追い払って居座ったのである。

満州国政府は領土侵犯として、哈爾濱駐在の領事に抗議したが、軍部の独断侵攻ということになり、軍艦二隻を撃破して追い返した。

領土問題は、軍部の独断から起こる。奇襲して侵略に成功すれば、その大隊は英雄になる。逆に敗北しても師団内では、勇兵としてもてはやされる。

乾岔子島の川岸には監視所しかなく、日本軍は乾岔子の西の霍爾莫津、璦琿、黒河の国境陣地に小隊を配置したにすぎない。乾岔子を含め、高灘、佛山方面は無防備だった。

なるほど、アムール河沿いに西へ進むにつれて土堤が低くなってきた。高灘には満人の集落があるが、ここも河の土堤が低く、いつでも上陸可能だった。

石原は十分ほど先の乾岔子の村で車を止めて下りた。集落はアムール河から一キロ後方の畑地にある。道路からアムール河の黒い水面が見える。距離にして五十メートルもない。ここには監視所が建っていた。木造の小屋である。傍らに隊員宿舎が二軒ある。

二・二六事件後、東京の第一師団はチチハルに司令部を置き、満州の北部正面を防衛していた。乾岔子島事件が発生すると、飛行第一連隊主力と第十連隊の一中隊を北安に送り込み、事態に備えた。

今も、監視所ひとつだけで、見張っていて、後方守備隊がなかった。

「第一師団はチチハルから孫呉に上げる。勝開山一帯に地下陣地築域。一個連隊を常駐」

石原は後方の山を見上げた。水がないのは承知のうえだった。

その夜は黒河の日本人経営の旅館に投宿した。

石原が黒河を視察するのは、この時が初めてだった。満州事変後に新京にやってきたのは昨年の十一月上旬のことで、参謀本部作戦課長という、多忙な時である。関東軍参謀長は板垣征四郎中将で、関東軍は河北省に進出して、石原と対決する形となった。当時の武藤章関東軍作戦参謀は、

「私どもは石原さんが満州でやったことを、やろうとしているだけのことですよ」と、河北省に独立国家をつくろうとする構想を、満州事変と同じことだと、皮肉った。この時、石原は全員に冷笑された。

石原はその足で大連郊外の病院に入院している恩人で、五族協和の音頭をとり、自ら反張学良の知識人と満州国を立ち上げた于冲漢老人を見舞った。多忙な石原は、新京まで来たものの、そこから北へは行けず、黒河も満州里も視察できなかった。それだけに、今回の視察は、東満州以上に、作戦上研究課題が多かった。

特に、ソ連極東軍の第二方面軍司令部が置かれたブラゴエシチェンスクは、満州最北の基地黒河とは、九百メートルのアムール川を挟んで目と鼻の先にある。互いに肉眼で向こう岸の人の姿が捉えられる。

ブラゴエシチェンスクは日本名を武市と呼んだ。ここはアムール河とゼーヤ河が合流した地点で造船基地でもある。造船所は緩やかなゼーヤ河に船台が置かれ、二千屯級の河川用戦艦を建造していた。六月の乾岔子島事件では十隻近くがアムール河を下った。遠くはハバロフスク間を往来したり、松花江をのぼったりした。艦砲射撃砲を備えているので、奇襲戦に出られると、日本軍は致命的な打撃を受けるのは必至だった。

石原たちは、詳かく研究するため、黒河に三日間滞在した。

第６章
満州里へ

1

ブラゴエシチェンスクには、シベリア鉄道のクイプイエシスボイカムフオー駅から南へ軍事専用の黒龍鉄道が伸びている。

満州事変前は小さな陣地でしかなかった。昭和七年後からトーチカ工事が始まり、一年間で主要なトーチカを完成させていた。さらに後方に陣地を設け、前線の陣地に対して補強策に出ている。アムール河の前面は全て要塞にし、湿地帯への輸送手段は、海軍の船底の浅い艦艇が活動していた。

これに対して対岸の日本軍は、黒河と瑷琿を勝武屯と呼ばれた霍爾莫津《ホルモジン》の三小隊で、アムール河の要所に監視所を置いて見張っていたにすぎなかった。

昭和十二年の鉄道は哈爾濱から黒河までの鉄道はなく、海倫までだった。海倫からチチハルまでは軍用道路を使った。またチチハルから黒河までは、大興安嶺の裏側を通る山道があり、十二年頃の鉄道は六つめの訥河までで、そこから先は山道を利用している。

当時、哈爾濱・海倫までを呼海線、または濱北線、チチハルから克山までを斉克線《サコセン》と呼び、黒河まで鉄道が伸びるのは日満重要産業五ヶ年計画が進んだ昭和十三年以後である。製鉄業が増産に入り、レールや機関車、自動車工業、兵器産業が盛んになってからである。それまでは乏しい自動車輸送だった。幸い北安まで鉄道が伸びるが、師団本部から北への移動は多少楽になった。

車でなら、北安から黒河までは三時間、北安から哈爾濱までは一時間近くかかる。

黒河は、まだ荒涼とした草原だった。北安から未舗装のドロ道を北に進み、物資と人を運んでいた。関東軍はこの北の果ての前線地に、特務機関の分署を置いていた。黒河分署は陸士同期の樋口季一郎機関長の管轄で、少尉級の日本人機関員が現地の人を密偵に使い、敵の情報を探っていた。こちら側からもアムール河を渡ってブラゴエシチェンスクの上流から潜入させて偵察していたから、互いにおあいこだった。彼らの伝達方法は色花火で、夏でもないのに山の上で急を知らせる赤花火を上げた。特務機関の密偵がその位置を捜しあてても、すでにそこには人の姿はなかった。

石原たちが泊まった夜も、青い花火が上がった。旅館の主人に聞くと、花火は毎夜上がるので、よくよく観察しないと意味が見抜けないという。黒河はまさにスパイ暗躍の土地だった。

黒河には軍人や商人用の旅館が四軒あり、武徳殿も建てられていて、軍人たちが剣道や柔道に打ち込んでいた。鉄道が入り、一万人近い日本人が居住するのは、石原が視察した一年後である。黒河は最北の基地の町となる。

翌朝早く、石原はアムール河の岸を歩いた。向こう岸もこちらも自然のままの土手だが、水は透き通り、河岸は砂地である。いずれ銃撃戦を想定して、コンクリートの厚い防壁を築く必要があり、高橋にメモさせた。

今度はアムール河を背にして立った。右手に大興安嶺が続く。左手は瑷琿の駐屯地がある平原で、その向こうに小高い山がある。この一帯は夏になると野火が発生して焼きこがすので、樹木はなかった。

「この右手の山の中腹に駐屯地が必要だな。全体を見渡せる。飛行場のある北安との中間になる。日本が制空権をとられたあと、ソ連軍は孫呉や北安に続く道を南下する。そして一目散に彼らがつくった哈爾濱を目ざすだろう。その時、この右手の中腹、山神府の陣地から、ソ連軍の横腹を突ける。勿論戦いになると、彼らは黒河の町を突破してふた手に分かれ、ひとつは山神府を戦車で襲う。その前に敵機に爆撃されるか。どちらにしても、彼らにとっては目の上のたんこぶに変わりはないな。それにはチチハルの師団本部を北安より北、孫呉に常駐だ。これで北の守りは固く、手を出せまい。地形上、西の大興安嶺を越えるには道はなく、山の狭い道しかない。チチハルからこの山脈の向こう側に鉄道を敷き、黒河に出るルートがほしいところだ」

黒河から南の北安までは、右手の大興安嶺の裾野を南北に走る一本道しかない。左手は湿地帯である。足を取られて動きにくい。

山神府へは、黒河を出て一時間ほど走った地点で右手の山道を登る。国道から二百メートルほど高い位置にあり、東斜面である。

「おい、高橋、行くぞ。体を前に倒せ！」

石原は高橋に、山神府に上がるように命じた。道は岩がむき出した山道で、余りの急傾斜に、石原の体はうしろに引き倒され、今にも車ごとひっくり返りそうだった。

「馬車では上がれんですね。車も荷を積むと動けんです」

矢原もハンドルを固くつかんだまま、うしろにひっくり返りそうになった。

それでも十分ほど山道を登った。右手に平らな台地があった。矢原は無理やりにハンドルを切り、アクセルを踏んだ。車はようやく台地に上がり、ひと息つく。

車から降りた石原は、疲れから顔が浮腫んでいた。左目が塞がりがちだった。その顔で眼前に視線を配った。見ると、そこからは眼下にキラキラ光る湿原がある。右手には小川が流れていた。その向こうに小高い山がある。さらにその向こうに、かすかに小興安嶺の峰々がみえた。

視線を左に引くとアムール河が左へ左へと折れながら続く。乾岔子《カンチャーズ》島などの中洲の島がいくつも見える。双眼鏡を引いて拡大すると、対岸にソ連軍の基地の町が飛び込んできた。人の姿は見えないが、トラックの幌や戦車が見える。

「そうか。筏のような船でこっちに運べるな。ブラゴエシチェンスクの造船所に向けて隠し砲台が必要だな。敵スパイに見破られんように地下に要塞をつくり、キャノン砲で戦艦のドテッ腹に撃ち込むことができる。敵も撃ってくるだろうから、要塞を二箇所つくり、敵艦隊の出撃を止めることだ」

左前方にシベリア原生林が見渡す限り広がる。かつては中国人の土地だったが、当時のロシア軍が武力を持たない住民を虐殺してアムール河に追い払い、力でアムール河の北側を占領し、一八五八年に領土線引きの瑷琿条約を、さらに二年後の一八六〇年には北京で再確認のためにロシアと清国との間に北京条約を結んで居座った。その後はウスリー河沿いに南下を始め、ウラジオストックを占領した。

高橋は河幅が広く見える辺りを指さした。

「副長、この辺りが璦琿ですか」

「ハバロフスクの奴め、シベリアから支那人を追い出し、アムール河北側全てを占領しやがった。ぬくぬくとしてやがる。日本も朝鮮をを併合して植民地化しとる。オレは自治権を与え、彼らで国の政治と経済、外交をやるべきだと言ってやったのだが、朝鮮民族には誰一人、手を挙げる者がおらん。満州は朝鮮のようにしたくなかったから、オレは満州人による満州独立をつくらせたのだ。ここの民族も朝鮮人と同じかと思ったが、親日家の満州の知識人や軍人がいて、張学良にかわって五族協和の満州国をつくった。オレたちはそれを手伝ったまでだ。治安に専念するだけでよい。それがオレと板垣さんの考えで、スタートした。あの頃はこの辺りは馬占山の地盤でな。彼を説得して黒龍江省長兼軍政部総長にしたのだ。軍政部総長の職は重荷だったかもしれないが、それでも引き受けてくれた。その頃はこの一帯、日本人は誰一人視察できなかったものだ。

どうだい、この位置は。ソ連軍の動きが読み取れるだろう。全域を監視できる。オレはここに師団を置きたいのだ。全員で畑を耕し、乳牛を飼い、週のうちの三日間を演習と訓練、あとの日は農作業に励む。官舎を建て、婚姻者は家族で住めて、学校も建てる。問題は水だが、上の方にダムを築き、飲料と農業用水を確保する。いずれ黒河には一個大隊が駐留する必要がある。アムール河の上流に分隊と監視所を建て、一旦急あればここらから増援に出る。それにはこの位置から北へ通じる道路が必要だ。ここへは孫呉の方から斜面を上がるようにつくる」

石原はもっと上に登った。そこには山間いがあった。水が貯まっている。雪解けの頃は山の斜面に沿って流れ出てくるらしく、あちこちに側溝があった。

石原は、水田は無理でも、畑作は麦、大豆、菜種、じゃが芋と何でも耕作ができ、チーズをつくり、牛乳を飲むための乳牛の飼育もやれる自信が湧いてきた。

「おい！　二人！　この地に大農場をつくり、一個師団と家族が生活するようにするぞ。オレが死んだら、お前ら二人で実現させろ。東向きの山だから、生活しやすいぞ」

石原は双眼鏡を下ろし、カメラで全景を撮影した。ライカのカメラは、遥かアムール河からシベリア一帯のソ連領を映した。

2

山を下りると右前方の眼下にあった孫呉という平地に出た。北と東は湿地帯でまん中を小川が流れている。北は黒河で、左は大興安嶺の穏やかな斜面の嶺が続く。ちょうど北安へ続く川の中間点で、師団司令部を置くには、アムール河の守備隊の後方になり、最適と思われた。

いずれアムール河を挟んで北部正面の戦いは航空戦になり、制空権を取った方が勝ちだ。日本軍はアムール河を渡ってソ連領内に入るつもりはないが、敵軍は哈爾濱と、日本に一億円という高額で二年前に売却した東清鉄道を奪い取るのは目に見えていた。売った土地と鉄道を奪い取るのだから、金をもらったあとで相手を殺害するという強盗手段に出ることが想定された。

ソ連の軍人はこうして約束を破って占領している。

防ぐためには、飛行場を孫呉近くにつくり、飛行団二個中隊を常駐させ、北安飛行隊の出先飛行団として、敵機の迎撃に出動させる必要がある。北安は北と西への迎撃に備える航空司令部とする構想があった。

幸い孫呉は稲作に向いている。早期米がつくれたら、この一帯は米所になりそうだった。

一行は北安の飛行場に立ち寄り、司令官に会った。乾岔子島事件後、北安飛行場に四機の戦闘機が常駐していた。

「ソ連側も奥の方で飛行場建設に入っておるとの情報です。聞いた範囲ではクイブシエフ、ラクチーハに大きな飛行場ができつつあります」

山田少尉の報告では、時々アムール河上空を西から東へ偵察飛行するのが見える、とも語った。

「敵さん、日支事変後、動き出したな」

「今すぐ攻めることはないでしょうが、挑発行為と見ております。この数ケ月内に、小手調べに出てくると見てよいでしょう。こっちもアムール河一杯まで出て、偵察していますが、北安からではちょっと遠すぎて、奴さんたちは、こっちに気付くとすぐに機体を森の中に隠してしまいます」

「高度四千でも見つからないかね」

「やってみたのですが、原生林に隠れているので見えません。原生林が避退所になっています」

石原は、それらの飛行場は、アムール河から五十キロ後方の原生林の中にある、と想像した。北安からアムール河へは直線で百キロ。約二十分でアムール河上空に達する。その間に全機を森の中に隠すとなると、なんとか間に合う。しかしソ連領から日本機の機影を発見してからでは間に合いそうもない。

石原は、北安近くにソ連のスパイが潜入していて、ソ連側に花火か何かの方法で離陸の瞬間を知らせているのではないか、と推測した。花火の合図だとすると大興安嶺の中腹で見張っているかもしれない。中腹の高さなら、そこから打ち上げる花火はアムール河対岸の監視兵なら望遠鏡で花火の色まで捉えられるはずだ。スパイが飛行場を見張っていてもおかしくはない。

その意味でも、孫呉近くに飛行場をつくる必要がある。石原がそのことで、山田中尉に質すと、彼は、いずれ敵機が増えるので前方二箇所に前線飛行場が欲しい、と言った。石原は約束して、北安で山田中尉と別れた。

運転は高橋に変わった。

「哈爾濱へ向かいますか？」

高橋が、バックミラー越しに、期待を込めて石原に訊いた。三人とも長い視察旅行で気心が知れて、どこか気が合ってきた。哈爾濱に行くことで満州一番の大都会でひと息つけると期待したからである。

だが石原の返事はチチハルの第一師団司令部だった。高橋と矢原はがっかりして、溜息を漏らした。

チチハルは哈爾濱とは反対の西方向になる。ここには東京の第一師団が駐屯し、北部正面を防衛していた、四ヶ月前の乾岔子島事件の時は関東軍が第一師団長の河村恭輔中将に出撃を命令した。河村はただちに歩兵第四十九連隊の歩兵一大隊と砲兵一大隊をアムール河岸に派遣し、ソ連艦隊を射撃し一隻を撃沈、一隻に損傷を与えた。その後、石原作戦部長は関東軍に「射撃中止」の命令を出して、あとは外交にまかせた。

河村師団長はその時のことに触れ、

「今でも、中央命令で出撃を命じられたことや、作戦部長の中止命令など、よく分からなかったな」

と、お茶を飲みながら、皮肉った。

石原は「指示がうまくゆかず、部長としてお恥ずかしい限りです」と禿げた頭を叩いた。

「でも大事にならなくてよかったよ。敵は上陸してくる様子というより、こちらの守りを探っていたからな。あれ以来、監視を強化しているが、報告によると、このところ敵さんの艦隊がしきりに往来する傾向とのことだ。何かやっているようだぞ」

河村は「北安か孫呉に、もうひとつ師団を置く必要がある」と提案した。

「チチハルの師団は西の満州里、ノモンハンにも眼を配らないといかんので、北部正面にはなかなか気が回らない」と、師団設置を希望した。

三人は、チチハルの宿で一泊し、翌朝、西の海拉爾《ハイラル》の駐屯地へ回った。

満州の西部方面は、海拉爾、ノモンハン、ハンダガヤに守備隊を置き、ソ連軍の侵入に備えていた。海拉爾に着く間、牙克石、哈克の守備隊を視察する。砂漠の大地は、湿原が広がったかと思うと、砂の草原に変わった。

海拉爾に国境陣地が増設されたのは、昭和九年からで、不毛地帯での作戦は車での移動は不可能で、鉄道を使っての攻防が基礎になっていた。日本が十年に東清鉄道を買収してからは、国境の満州里からの侵攻を予想し、海拉爾に堅固な堡塁を築き、有事の際は満州里間の鉄道を爆破して、持久戦に持ち込む作戦を考えていた。

海拉爾には一個騎兵旅団が駐屯しているが、旅団長も参謀たちも、飛行機による戦いになることは、まだ想定していない。だいいちソ連領からの飛行となると距離がありすぎる。それに満州里の国境近くにも飛行場らしきものは見えないからだった。

「モスクワの武官も、二ヶ月前に帰国した樋口も、要塞は多く見られるが、飛行場らしきものはないと言っていた。敵さんに見えるところに、わざわざ飛行場をつくる軍人はいないのに、鵜呑みできるか」

石原は、自分の目で確かめたくて、翌朝、車ではなく、列車で発った。

海拉爾の朝は空気が乾き、呼吸できないほどの寒さである。鼻から凍った空気がツーンと頭の天辺から抜けていった。耳は痛くなり、涙が出てしまった。石原ら三人は師団長にもらった白いマフラーを首に巻き付けた。どんなに寒いか、現地に来て見ないと兵隊の苦労は分からないと思った。

3

満州里行きの列車は二両編成の客車に、貨車が三両連結されていた。車内には哈爾濱からソ連に行くのだろう、家族連れが乗っていた。日本人はいなく、蒙古服の男女が乗り合わせていた。石原ら日本の軍人を見ると、スーッと目を反らした。

列車は砂漠の中に入ったかと思うと、谷合を縫い、草原に出た。アルカリ性の土質のせいか、樹木が小さい。完工、嵯岡、札頼諾爾、その五つめの駅が終点の満州里である。一八九六年に当時のロシアと清国の間に露清条約が結ばれた際、満州族（清国）の領土はここより始まる、という意味から「満州里」と命名されている。

東清鉄道敷設の権利を握ったソ連は、ここに二階建ての白いコンクリート駅舎を建てた。バイカル湖やチタ方面から移り住むソ連人が大半を占めたが、その後満州族や漢民族も入り、また満州国建国後は二百名近い日本人も入り、人口は二万人近く、国境の町として賑わった。

駅のプラットホームで見かける人は、旧ロシア人の顔が多い。ここは満州国の西の国境だが、人種の識別が不可能なくらい蒙古人が多かった。駅のプラットホームから前方を見ていると、平原が続いている。駅舎の玄関側には、平屋のロシア風建物ばかりで、ロシア語、中国語、日本語の看板がかかっている。

駅から北側がソ満国境で、駅舎から見る限り要塞は見えない。満州里駅を出ると、そこから先はソ連領になる。そのまま西へ約五十キロ先はソ連国の最初の駅ダウリヤである。

このダウリア駅から二キロ南の角地が、ソ満国境の西端で、そこから南下した直線が外蒙古との国境線になる。

ダウリヤ駅から西へ三つめの駅がボルジヤで、モスクワへ向かった樋口季一郎少将の話では、築城と要塞の町で、線路の左右にはコンクリートの要塞が壁のように続いていた。

「満州里は一見して平穏な国境の町だが、情報戦の町だ。ここには満州人の顔をしたロシアの偵察員が潜入しているが、地形的にも戦車は入れない。くるとすれば南の内蒙古側だろう。明日はノモンハンに行く。二人とも、この町をよーく見とれよ」

「はい」

大興安領の西の国境はアルグン河である。橋はなく、河幅百メートルのアルグン河から満州領に入るには船が必要になる。それに河岸は断崖である。

石原は戦略上、断崖を越えて侵攻する必要はなく、時間もかかると判断し、ここには騎馬兵団を土地の満人で編成することが望ましいと判断した。

三人は夕方になって海拉爾に引き返し、翌朝、車でノモンハンに向かった。砂漠と草原の中を走るのだが、ところによっては沼地にぶつかり、地図を頼って引き返し、遠回りした。

しかし南に向かうにつれて砂漠が続く。車は三度エンジントラブルに見舞われた。水冷エンジンのため、タンクに入れてきた水も少なくなり、飲料用にもこと欠いた。

「どこか沼地を捜そう」

高橋が地図を広げ、腕時計をのぞいた。時間的に見て、五叉講《ゴシャコウ》の駐屯地に近いと思われた。周囲には何も見えない。

「副長、近くまで来ているはずですが」

「うむ。車に水を飲ませてくれ。ともかく南へ南へ進むことだ。焦らず、楽観的に行こう。歌をうたうのもよし」

「うたう気持ちには、とてもなれません」

「そういうな」

水を補給するとエンジンがかかった。再び南へ南へと、砂漠と草原を走る。こうして海拉爾を出て三時間後に、五叉溝の西の要塞基地阿爾山《アルサン》に着いた。そこは草原の中のタコツボだった。コンクリート資材が運べず、土を掘り防塁を築いただけのもので、各要塞は深さ二メートルの側溝でつながっている。冬は南側に幅八畳ほどの穴を掘り、そこで生活していた。夏は防蚊網を被り、地上生活である。

国境近くまで行ってみたい、と言うと、痩せ顔の少尉が車で案内した。五十キロ先がハンダガヤで、外蒙古と内蒙古との国境だった。不毛の草原で、凸凹が多く、車の乗り入れは容易にはできなかった。

少尉は小高い草原の丘に石原を案内した。そこから北西方面を双眼鏡で眺めた。そこには不毛の草原が広がっているだけで、何も見えない。それに、向こう側が一段高く見えた。

「ちょうど、一本の樹木が見える辺りがハルハ河です。ソ連軍は、国境はハルハ河を渡った満州側だ、と言ってるそうですが」

と石原に訊いた。

「そんなはずはない。しかしそうなると、奴らはこっち側に陣地と要塞を築くぞ。帰ったら外務省の連中に確認させる。ノモンハンはこの北西だな。ここにも軍用の鉄道が必要だ。トラック輸送じゃや、いつ地形が変わるか分からん。これから行ってみるか」

二台の車は、凸凹の草原を北西に向かった。腰の骨が砕けるほど揺れる。石原は両手でシートを押さえ、揺れに耐えた。

ノモンハンは海拉爾の駐屯基地から直線で二百キロ南になる。ノモンハンから国境の河を越えた西の、外蒙古の町タムスクまで百二十キロ。草原の台地である。

石原は、河の向こうが高台になっていて、こちら側を見下ろす位置であるのに気付いた。こちらからは台地の様子は見えないが、向こうからはよく見えることに、不利を感じた。

「あの台地の向こうがタンスクだな？」

「はい。しかし様子は全く分かりません」

「あの台地の向こうが見える位置をなんとか捜すことだ。敵さんは必ずタンスクに集結する。まず鉄道を伸ばすことだ、タンスクが見える人工の展望台を築城せねばならぬ。この二点が急務だ。他にはないか、少尉」

「できればこの辺り一帯を開発して、日本人の町を築けたらと思います。鉄道を敷き。日本人の開拓団を入植させ、基地をつくるとよろしいかと思います。軍人たちも助かります」

「そうか。ハンタガヤまで鉄道を伸ばし、国境沿いに永久使用の要塞を築く。この辺りはもろいぞ。一気にやられる」

石原は、ソ連軍は地形上から、満州里からの侵攻はむずかしいため、ボルシアかそれ以北のウイルイ駅辺りから車で外蒙古に入り、兵站基地を築いて、そこから満州国境の前線基地タムスクに物資を輸送して集結することを想像した。

「オレがスターリンの立場なら、タムスクから二百〜三百キロ後方に飛行場をつくるな。そこから国境を越えて満州を爆破する」

この時、石原は、満州里はソ連軍によって三方から包囲されているのに気付く。

一行は五叉講に引き揚げると、基地司令官と会い、鉄道工事の延長工事を約束した。また内蒙古側にもたえず情報源を確保し、逐次参謀部へ進言するように約束させた。

4

五叉講を発って三時間後に、白城子《パクジョシ》に着く。昭和十二年当時、鉄道は由社線が白城子から阿爾山駅まで伸びていた。白城子駅はチチハルから酋家屯、四平へ続く平斉線と交差する駅で、この駅から東西南北へ、どちらへも行けた。主に農作物と軍の物資輸送の鉄道で、町は日本人で賑わっていた。山はなく、三百六十度、小樹木の草原であった。大豆畑が果てしなく広がっている。今は刈り取られて荒れ地だった。

白城子でひと休みすると、午後二時に出発した。新京に着いたのは五時過ぎで、すでに辺りは暗かった。それに雨雲に被われていて、今にも雨が降ってきそうだ。

「今日で何日めになるかな」

石原が二人に聞いた。

すると、助手席の高橋が、

「ちょうど十九日です」

と言った。

「君たちも疲れただろう。明日はゆっくり休め。オレから冨永に伝えておく」

「いえ、今夜ゆっくり休めますから。副長こそ、休養してください。だいぶ浮腫《むく》んでおられますから」

「そういえば、今日まだ一度もおしっこをしていなかった。体中に尿毒が回ったかな。オレが死ぬ時は、脳毒症だろうな」

「そんな病名、初めて聞きました」

「オレは何でも新しい病気にかかる体をしているからね。モルモットになれるぞ」

三人が話しているうちに、車は大同街の建物に近づいた。

「どうだい、さっきの国務院の建物といい、こいつといい、まるで怪物の巣だな。満州人はちっとも喜んでいないぞ」

二人は、石原の毒気を含んだ批判に、返事ができなかった。二人とも、この長い十九日間の視察旅行で、石原の気持ちを知り、感化されていた。

石原は司令部の玄関先で車を降りた。二人は石原を降ろすと、車輛部のある裏庭へ車を動かした。

二階の作戦課の廊下を歩いていると、明かりが廊下まで届いていた。全員、まだ勤務していた。ドアが閉まっていたので、参謀課員たちは石原の帰任に気付かないでいた。

その夜、ホテルに戻った石原はフロントで一枚のメモ用紙を受け取った。そのメモ用紙は鋳子からの報せだった。十月二十五日に、官舎に入ったとのことである。メモ用紙を二つに折ると、胸ポケットにしまい込み、

「きみ。申し訳ないが、官舎に入るので、これは必要なくなった。預けていたトランクをこちらへ出してくれないか」

とボーイに鍵を渡し、ホテル代を精算した。

ボーイは石原の名前を確認すると、奥に消えた。それから石原の牛革のトランクを左手に掴んで戻ってきて、左側のカーテンを開けてロビーに出てきた。石原はトランクを受け取り、礼を言って、玄関の外に出た。その時ロビーの方から、

「石原さん！」

と呼びとめる声がして立ち止まった。

奉天市副市長の山口重次だった。

「山口君。どうしたんだ。こんな所で」

「長い旅でしたね」

山口は、埃だらけの石原をしげしげ見詰めた。顔の浮腫みに気付くと、

「ひと段落したら医者に見せた方がよろしいですよ」

「これから官舎に行くところだ。お世話になったね」

「連絡が入りまして、すぐに知り合いの李夫婦に手伝ってもらい、掃除させました。離れに李夫婦の住まいもあります」

「それは助かるな」

「この李夫婦は片言の日本語が話せます。それに身元はしっかりしていて、ご心配はいりません。銻子夫人の話し相手にもなります。奥が参謀長の家ですから、うまくやって下さい。そういっても無駄でしょうけど」

石原は、山口に首を捻って安心させた。それが答えだった。

「明日、我が家にきてくれないか？」

商談中の満州人を待たせている山口とは、そこで別れ、トランクがあるのでタクシーに乗り込んだ。

参謀官舎は司令本部から歩いて十分先にある。馬小屋付きで、翌年春に馬を一頭飼い、それで通勤する。

官舎の入口には守衛小屋があった。石原はその前で車を降りた。そして二人の守衛に身元を明かした。守衛は敬礼して門扉を開けた。

山口重次に言われたとおり、中央の道を歩いた。突き当たりの右のひとつ手前の家が、副長舎だった。その部屋には明かりがついている。食後らしく、ラジオ放送が聞こえてきた。日本人の若いアナウンサーは森繁と自己紹介している。

「この家だ――」

石原はレンガ張りの古い、屋根の低い一軒家の前に立ち止まった。そして四つ、ノックした。若い頃、ベルリンで教わったノックである。初めの訪問はノック四つ。ちょっと入るよ、の時は二つで、暗号ノックは、その後それぞれの方法をとるやり方である。石原はその夜ノック四つの後、名前の莞爾をカンジと、親指の爪で三つ軽く叩いて合図した。妻の銻子には、それだけで通じた。

しばらくすると、左横の小窓から外の様子を覗く人影がした。それからしばらくして、内側からロックが二つ外される音がした。その後、もうひとつの金属のノブが回される音がした。ここでは、防犯上ドアは内側に押して開く設計になっていた。

石原がノブを回す前に中からドアが引かれて開いた。そこには和服姿の鎵子が立っていた。両手を膝の上に置き、頭を下げた。

鎵子は長身で、顔が細く、痩身だった。父親似で、大きい眼をしている。年齢は石原より七つ若く、眦《まなじり》が少し上がっていて、鼻筋が通っている。心もち口の端が切れたように上向いていた。

石原は二度目の結婚だった。最初の女性は石原の両親と合わずに離婚した。それから五年後、教育総監部勤務の頃、元陸大教官の国府大尉の二女鎵子と見合いして結婚した。その頃彼は日蓮宗の宣伝機関国柱会員となり、田中智学を知った。

しかし二人の間には子宝に恵まれなかった。彼は二度めの妻を「鎵ちゃん」と呼び、愛妻家だった。

しかしこの夜、久しぶりに見た夫の姿に、妻の鎵子はひと目で体調が悪いことに気付いた。

「おかえりなさい」

と鎵子は夫の外套に右腕を伸ばした。

「やあ、鎵ちゃん。着いたか。迎えに行けなくてすまなかったな。初めての新京で驚いたでしょう」

と石原は、鎵子を抱き寄せた。

「羅津のホテルから連絡しようと思ったんですけど、多分こちらにはいないだろうと思って、まっすぐに来ました」

「寒いので、びっくりしただろうな」

「ほんと。旅順とは。だいぶ違いますね。五年前とは変わりましたね。みんな落ち着いておられて」

「そうだろう。于冲漢先生たちが治めてきたからですよ。落ち着いたら大連に、先生の墓参りに行くつもりです」

「私も、お墓参りしたいです。やさしいおじいちゃんでしたね」

「じゃ、一緒に行きますか」

「一応、軍司令官や参謀長夫人には挨拶しておきました。仲良くしたいですから」

「錦ちゃん、余り気を遣う必要はないですよ」

「そうはいきませんわ」

遅い夕食だった。

錦子は李夫妻を紹介した。夫の李仁はまだ二十七歳、妻の蓮華は二十二歳で、二人にはまだ子供はいなかった。李仁は馬の飼いならしが上手で、近々馬一頭を買い求めてくると言った。妻の蓮華は料理が上手で、二人とも吉林の生まれだった。満州人の協和会員の親戚で、山口に紹介されて、石原夫婦の面倒を見ることになった。二人とも片ことの日本語が話せた。

「馬のことがよく分かるとは、大助かりだな」

石原が言うと、夫の李仁は黄色い歯を浮かべて、

「先生のおかげで、私たち満州人は、いい生活ができるようになりました。治安はよくなり、カッパライもいなくなって、安心して生活できます」と世辞を言った。

石原は、李夫婦が山口など協和会の会員たちにプロフィールを教わっていて、必要以上に気

を遣っているのが読み取れた。石原は、主従関係はいいとしても、日本人が満州国をつくり上げた、と誤解しているな、と思った。

「李さん。ぼくら日本人は、あなたたちの土地、満州に、居候している身なんですよ。ここはあなたたちの国です。あなたたち満州人がつくり上げた国なんですよ。ぼくも山口君も、ソ連共産党やイギリス、アメリカなどの外国と戦にならないように、この国を護っているだけで、ここは朝鮮や台湾と違い、あなたたち満州人の自治国家ということを、忘れないで下さいね」

　すると、李夫婦は、

「わたし、よくわかりません」

　と笑って、手を振った。

　その夜、石原は久しぶりに熟睡した。

第７章

軍略会議

1

さすがの石原莞爾も疲労には勝てなかった。長いこと車に揺られていたせいで、背中の筋肉が固まり、体を捻って横を振り向くことさえ辛かった。

しかし翌朝から、視察順に、思い出しながらメモし、机上の地図に鉛筆で隊列の記号を書き込んだ。

まず東満正面では、延吉に３Ａ（三軍司令部）を、掖河に５Ａ（五軍司令部）を、チチハルに４Ａ（四軍司令部）を書き込み、さらに３Ａの所には10個Ｄと書き込んだ。Ｄは師団の記号である。つまり十個師団を置くの意味である。

さらには北安にａｂ飛行司令部と書き加えた。

作戦会議は石原が司令部に戻った二日後の午後一時から五時まで、副長室隣りの作戦会議室に主任と各班長以上十二名を集めて行なわれた。前参謀本部作戦部長の呼び出しである。全員緊張した。

この会議には、特別に副官の高橋と矢原も同席させ、末席に座らせた。その時、石原は畳半分ほどの全満州の地図を四つに開き、会議用のテーブルの上に広げた。全員が、思わず体を乗り出し、ウオッと声をあげた。

「これが、オレの結論だ。金がないから、やれないとは言わせない。いいか。この満州はまさしく、四方から完全に包囲されている。今ソ連軍が国境を侵して攻めてきたら、三日ももたない。ま、敵機で一日、あとの二日で全満州は敵さんの手に墜ちるだろう」

「そしてこれが、鉄道建設計画だ。軍専用線の拡張を急ぐ。平時の時こそ、大佐以下全員、裸になって枕木を集め、線路工事に従事する。さすれば、マージャンなどやっている暇はないぞ。酒を呑んで宴会など、まっぴらだ！　異見を述べてみよ」

冨永恭次は、禿げた頭に手をやって、横の石原を睨みつけた。かつて参謀本部で机を並べていた仲だった。作戦班長の冨永は、軍予算を計上したが目的を達成できず、陸軍大臣に不満を言ってケツをまくったばかりに、上司の作戦部長ともども、重職から外された。

代わりに、課長の石原が作戦部長を代行することになった。

その意味では、二人は共に軍予算で苦い思いをした上司と部下の関係にあった。だが、関東軍参謀として渡満してからは、東條参謀長の情報課長として留守を預かる身になるが、残念ながら、軍官僚に成り下がっていた。

冨永はみんなの前で言った。

「副長は、三軍制を考えておられますが、日支、上海事変でほとんどの軍が駆り出されている状況で、はたして満州に十五個師団がつくれると、本当に思うのですか？」

「君の心配は、よく分かる。それに十五個師団の他に飛行集団をつくり上げねばならない。しかし、オレたちは、出来ないことから始めるのではないか。出来ないから出来ないでは、何もしないに等しい。近々全員満州人になるのだぞ」

「副長は、日支事変は持久戦になると警告されてきた。上海派遣軍は支那軍の強固なトーチカの前で上陸できなかった。いつ終わりますか」

「全ては、作戦部長のオレの責任だ。はっきり言って、あの広い支那で戦っても、百年以上は続くだろうし、そして必ず敗ける」

「――百年？　敗ける？」

全員が、声を呑んだ。

「つまり、ドロ沼から足が抜けず、日米戦になるということだ。いいかい。敵は支那でなく米国だ。蒋介石は毛沢東軍に担がれている。脅迫され、女房を取られたも同然だ。米国は支那進出のため武器を渡し、顧問団を送り込んでいる。ドイツ、イタリアも武器と人を送り込んでいる。英国は香港を基点に、稼ぐだけ稼いで本国に送金している。その一方でソ連は、この満州を、旅順、大連まで取り戻そうとしている。堀場のソ連視察では、小学校で、満州はロシア領でこれを奪い返そうと教科書で教えているそうだ。女までが兵士を志願して入隊している。極東ソ連軍の中にも、女兵たちが入隊しているのがウラジオ領事館から伝えられている」

「オレが、蒋介石とは戦うなと強調し続けてきたのは、彼の国民党を助けてやれ、と言うことだ。ソ連共産党に資金を軍事面で支援されている毛沢東軍は、蒋介石軍をわが軍と戦わせて疲弊させた後、国民党軍を追い出して実権を握る考えである。国共抗日とは名目で、蒋介石軍に戦わせて、くたばったところで乗り出す。米国もソ連同様に軍資金と人を送り込み、支那本土を切り取る腹だ。今は抗日という名目で資金と軍事面で支援し、そのうちに駐屯地基地を寄こせとくるさ。これが米国流の侵略方法だ。居座ってしまえばテコでも動かないぞ。反対したらまた戦だ」

石原の予言を聞かされた参謀たちは、しゅんとして沈黙してしまった。

石原は、ショッキングなことを言ってしまったな、と心の中で後悔した。予測とはいえ日支間の戦は確かに長期戦になり、資源のない日本軍の敗北は見えていたが、それを間接的に敗北と予言したところでどうかなるものではない。

驚いたことに、彼の眼の前の部下たちは、気力を失っていて、このままでは、異見さえ出そうもない。

ふと、関東軍にも人気のある武藤章大佐のことを思い出した。

「幸い、武藤大佐は上海派遣軍の副長として戦を早く終わらせたいと奮戦されている。上海戦は南京まで及ぶだろうが、ここにいたっては蒋介石と和睦はないだろう。彼らは奥へ奥へと逃げの一手に出て、英米からの支援で戦い続けるはずだ。オレが一番心配するのは、英米が航空基地を中国の山奥に建設した場合だが、これからは陸軍飛行機との戦になる。長距離爆撃機で満州を爆破した場合どうなるかだ。これは近いうちに必ずくると見てよい。だから満州に、われわれは飛行兵団基地をたくさんつくり、飛行機をこの満州で製造する。内地に頼らず、満州の資源を使って、まず鉄、錫、マンガン鉱石を見つけ出して製造にとりかかる。そのための満州重要産業開発を急がねばならんのだ。現在、片倉が、星野や岸のケツを叩いているはずだ。

目標に向かって、オレたち関東軍が、自力で立ち上がれば、不可能なことはない」

この時、ようやく全員の顔に、明るさが戻ってきた。

石原は、話題を満州産業開発五ヶ年計画に切り替えた。すると、全員がこの一件では部外者であるにもかかわらず、それぞれ持論を進言した。

口火を切ったのは、航空主任の原田貞徳少尉だった。痩せ顔に眼鏡をかけた原田は、石原がａｂと書いた地図をちらっと眼を落とした後で切り出した。

「現在、四平で組み立て作業中ですが、満州国内でエンジン開発から始めるとなりますと、準備に三年かかります。それに資材も技術者も不足しています。職工を養成して下さい」

「日産の鮎川社主と会ったのが六月だった。彼は重工業を満州に移す肚を決め、米国から資金と技術を得ようとしている。大いにやるべしと頼んだところだ。彼の考えはデカイぞ。米国の工場をそっくり、この満州に持ってくるつもりでいる」

後の満州には、内地から下請けの部品会社百社、タイヤ会社、石油会社が移ってくる。鮎川は日産グループを全社満州に移し、満鉄の資本下にある重工業、電化など鉄道以外の全株を鮎川が買い取って、内地の民間企業を誘致した。

石炭燃料は撫順の露天掘りと北満の鶴岡、大達などで採掘され、また松花江の東洋一の豊万ダム、鴨緑江のダム建設も完成に近く、電力供給は充分に確保できる。

「技術者の養成、整備士の確保はいかがなされますか」

「それは君たちで考えろ。オレは、今からすぐに学校を建てる方針に変わりはない。今年の初めに戦争準備のための産業開発要請を出した。昭和十六年にはこの満州で年三千機を製造目標とした。現在、航空本部、研究本部では、千五百馬力のエンジン開発に取り組んでいる。これは時間の問題だ。満州では主として軽爆機、偵察機、戦闘機とすることを決定済みだ。現在の九一式ではどうにもならん。航空主任に聞くが、極東ソ連軍の飛行機は何機だ？」

「昨年度で千二百機です」

「師団数十六個師団、わが方は五個師団。関東軍は何機だ？」

「二百三十機であります」

「戦車はいくつだ」

中山貞武少佐は地上作戦主任である。顎が四角で、タンクと呼ばれた。彼はグッと唇を噛んで言った。

「ソ連千二百に対してわが方は百五十です」

「現在は？」

「正確な数字は把握していませんが、輸送車両から判断して二十個師団かと。わが方は七個師団ほどあります」

「戦車はどうなんだ」

「三百近く増えておるかと。わが方は、まだ一台も。……昨年と変わらずです」

「だったら、十六年の生産開始に進もうではないか」

石原は地図を引き寄せた。

2

満州においての航空機製造は、昭和十一年六月二十日に参謀本部として「満州国に関する要望」提出がきっかけで、十二年一月に、海軍の軍令部と陸軍の参謀本部との初の合同会議が行なわれた。

海軍側は、陸軍が高速エンジン機製造を早めてくれ、と三菱重工に圧力をかけたことから、陸軍に噛みつき、

「陸海軍で分野を定め、陸海別々に取り組んではどうか。海軍側の技術は交換するが――」

と陸軍側の干渉を切り離すと言った。

当時、三菱重工はゼロ戦開発に追われ、主に海軍の艦載機に時間を割いていた。石原ら陸軍参謀本部は、それが気に入らなかった。

石原は、従来の戦闘機製造では埒が明かないと分かり、合同会議の席で福留軍令部課長に対して、

「陸海切り離しでよろしいが、陸軍は満州と朝鮮で航空機製造会社を立ち上げ大きく育てて製造します。これは、取りも直さず海軍のためになりますぞ。陸軍は国内技術に頼らず、ドイツの技術を取り入れます。その方が早く製造できます」

と、啖呵を切った。

国内の航空製造会社では間に合わないからだった。

陸海は、切り離しで合意した。喜んだのは海軍である。これで、国内の飛行機製造を海軍が

独占できるから、腹の中ではうすら笑っていた。

福留軍令部課長は、陸軍の強気な発言に、救われた気持ちになった。

石原はこの合同会議の直後、ベルリン駐在の大島浩武官に、ドイツ政府とエンジン取引の交渉に入るように依頼した。

ところが、ドイツの技術を買う話は、本家本元の陸軍省航空本部から反対された。航空本部は千五百馬力をめざして開発中であったからである。

しかし実際には、まだ五百馬力に過ぎなかった。高速エンジン完成はまだまだ先のことである。

陸軍の航空機に熱心な参謀本部作戦部付の秩父宮殿下大尉が、石原莞爾を同行して各航空関係を視察するのはこの直後で、まず熊谷の飛行学校を訪問した。石原はここで、教育内容をメモした。

そのあと中嶋飛行機製作所を視察する。一度東京に戻るが、二日後には所沢飛行学校と陸軍航空技術研究所を視察する。

一月二十九日には名古屋の三菱重工を、二月に入っては浜松飛行学校を、二月九日には横須賀海軍航空隊と海軍航空廠を、三月に入って、三重県の明野飛行学校、三月十一日には再び陸軍航空技術研究所を石原と二人で視察した。

こうした秩父宮殿下名義の視察は、石原の作戦部が計画し、スケジュールを組んだものである。それぞれの施設を、石原名義の視察となると、参謀長をはじめ、陸軍省の幹部や航空本部長らが反対して視察にストップをかけてくることは間違いなかったからである。

また仮に承諾されても、肝心な所は見せない、答えないとの手段に出てくることも考えられた。

石原の作戦部は、満州と朝鮮に航空機製造会社と飛行学校、組み立てと修理、整備の学校建設の準備をしていて、そのためにも視察しておきたかった。

のちの日産グループも飛行機製造に進出した。満州航空株式会社がそれである。奉天の北飛行場近くに工場を建設した。

「秩父宮殿下の視察計画者は、ここにおられる富永課長だ。富永君はすぐに動いてくれたので助かった。おかげで直接、エンジン開発者との勉強会をつくられ、関東にある飛行機工業や横須賀の海軍航空廠まで視察できた。そうでしたな―富永君」と褒めた。

「なつかしいです。海軍とケンカ別れした直後でしたから。どうなるかと思いましたよ。冷や汗ものでした」

「というわけで、富永君がいる限り大丈夫だ。飛行場新設、学校、製造会社工場予定地は進んでいるようだが、学生は日本人に限らず、満・朝鮮人も採用するようにしてくれ。北安は飛行集団基地がのぞましい。西部正面の後方と牡丹江にも必要かと思った。以下は十三年度から十六年までの大編成だ。各自、万全を尽くせ」

その日の会議で、高橋と矢原は、石原から視察の感想を求められた。二人とも前線基地に立ったのは初めてであり、また師団長ら指揮官の話を石原と一緒に聞いたのも初めての体験だった。高橋が代表して立った。

「私、高橋は――」

と言って、感想を短く話した。

「西部方面のソ連軍の様子は、まったく目撃されませんでした。ノモンハンの高所から内蒙古側は小高い丘に遮られて、何も見えません。何もないように思いますが、かえって不気味でありました。

北部正面のブラゴエシチェンスクの港では、大型艦船が建造中でした。乾岔子島《カンチャーズ》事件後、アムール河を往来する艦船が多くなったとの情報もあります。副長は、黒河の対岸に一撃で撃沈できる隠し要塞の必要性をおっしゃられておりました。また北安飛行場の強化、山神府への師団設置が作戦上必要ともおっしゃられておられます。東部方面は、いつでも攻められる地形で、監視所から覗きました範囲でも、鉄道がすぐ近くまで伸びてきていて、基地は町化しておりました。東部は北と南へ、それぞれ軍司令部を置き、十個師団の必要を、述べられておりました。

平時の軍隊生活は、訓練三日、農事と施設作業四日の割りで一週間を合理的に、すごすこと、及び、平時の軍隊研究、各連隊から来春開校の建国大への留学制度を提案されておられました。詳細は、私と矢原でメモとして記録しておりまして、近日中にご報告いたします」

「少尉、ご苦労。オレに事前に見せる必要はないから、冨永課長に直接提出し、感想を話してくれ」

そう言って、机上の地図を指さしながら、師団配置、築城新設置を書き加えた。築城新設は土門子、長嶺子、虎頭、北満の勝開山、ノモンハンである。彼はその地に二重丸をつけた。

「新設の師団は東満方面では南から、東寧、綏芬河、密山、鉄驪、宝清、鳥雲、饒河。北部方面では孫呉、山神府《サンシンフ》。西部方面では海拉爾である。

延吉と琿春は、戦時下になると朝鮮軍から二個師団を送り込み、関東軍の指揮下に入ることになっていたので、従来の延吉の一個師団のままとした」

飛行場新設は、延吉とその周辺、緊急時は百間道路の滑走使用とした。東満の北部では、東安の勃利《ボツリ》に、西部方面では白城子を候補に挙げた。陸軍病院は白城子と哈爾濱に新設とした。

「これはオレの私案だ。みんなはオレの考えとは別に、検討、研究されたい。なお今後、月曜日の午後一時を、定例会議とし、十三年度以降の関東軍の戦争準備体制を整え、少なくとも十六年を第一期完成とする。満州五ヶ年計画と同じ歩調だ。最後に――」

と言って、もう一枚の全満州地図をテーブルに広げ、万年筆で指した。

「急ぐべきは師団配置換えだ。東満の延吉には久留米十二師団を、綏岔河西には八師団、この二個師団が朝鮮軍の十九師団と共に東満を守る。

松花江はいつなんどきソ連艦隊に襲われるか分からないから、佳木斯に大阪の四師団を、牡丹江は東満、北満を睨む市だ。二師団を哈爾濱から異動させる。

黒河を強化する。チチハルに旭川の七師団を置く。黒河とチチハルの中間、北安には航空兵団基地を新設する。すべて自前で飛行機、兵器を製造する。そのため満州産業開発を急がせる。

これで予測できただろうが、二軍制を置く。東満と北満だ。参謀本部に進言する。そして各師団は自給自足をとる。一週間のうち四日間は農作業だ。乳牛を飼い、麦をつくり、パンを焼き、保存用のチーズをつくるのだ。マージャンは厳禁とする。以上だ」

3

満州協和会の前身は、大連にいた満鉄社員の山口重次や当時大連の歯科医師小澤開作、満州人、于静遠、阮振鐸らで発足した満州青年連盟である。

満州事変が起きる年の六月、山口重次は大連市内で連盟発足の記念演説を行なった。演題は「新満蒙政策第五綱領」である。その中の一つが「満蒙に於ける原住諸民族の協和を期す」である。

山口は満鉄社員でありながら、民族協和運動家として二十か所を回り、支部をつくった。会員数は全満州に三千人を超えた。

しかし張学良の、排日反日政策により、青年連盟運動は追い詰められ、執行部は解散を決断する岐路に立たされた。満州事変後「民族協和」という指導理念を打ち出してから、再び在満邦人や満州人に支持されるが、満州事変前までは苦戦の連続であった。

青年連盟は満州建国直後に、資本主義でもなければ共産主義でもない、満州協和党を創立し、山口重次が党の趣意と宣言文、綱領、会則をつくって関東軍に支持を求めた。

昭和七年の満州国の国務院会議は四月十五日に初の会議になるが、関東軍の石原莞爾参謀は国務院に働きかけ、満州協和党に関する法案を通過させた。

もっとも本庄、石原らが満州から日本に異動後、日系官吏や満州官吏の反対に会い、協和党法はなかなか発布されなかった。ついに「一党独裁」を連想させる意味から保留となった。しかし石原は、満州の諸民族が建国に積極的な参加を促すため、当時民政部長の中野琥逸や民政部警務司長の甘粕正彦らに山口を引き合わせ、思想強化を推進する国民組織が必要、との動機から妥協し、満州協和党を改組して「満州協和会」と名称を変えた。

組織も、溥儀執政を名誉総裁に、国務院総理（首相）を会長として、五族から協和会員を集め、運営は協和会委員会が実権を握り、中央事務局を中心に各支部をまとめた。

初代事務局長は満州人の謝介石外交部総長で、次長に中野琥逸民政部司長（内務省次官）が就任した。創立メンバーの山口、小澤、大羽、于静遠、阮振鐸らは事務局委員となった。

中野が異動で満州を去ったあと、事務局次長に山口重次が就任するが、中央では日系の官吏と、また地方でも出先の官吏と会員との喧嘩がたえず、ついに総務庁が「官吏と提携できる協和会にしたい」と乗り出し、山口や小澤らは協和会の幹部から追い出された。

山口に代わって総務部次長が事務局次長となり、各政府の次長が委員となり、昭和九年九月から、協和会は日系官吏と関東軍幕僚に牛耳られ、理念と組織も変わって行った。その後は、関東軍第三課が内面指導に当たり、日本の利益主義中心の植民地政策に変わって行った。

昭和十二年、今度は甘粕正彦が協和会総務部長となり、実権を握っていた。関東軍では、東條参謀長によって独立させられ、協和会と満州国の政治、経済を指導する第三課高級課員に石原の教え子にして林銑十郎内閣誕生に駆け回った当時軍事高級課員の片倉衷中佐がいた。片倉は満州事変当時の参謀課員で、満州建国まで石原の右腕として働き、師弟の仲だった。

片倉は満州産業五ヶ年計画を施行させるため、陸軍省が関東軍に送り込んだ一人である。

だが、石原が七ヵ月ぶりに満州で会ってみると、昔の片倉ではなくなっていた。満州人の気心を知っているはずの片倉は、東條英機参謀長の植民地政策に迎合し、満州政府の内面指導に当たっていた。

その片倉が、十一月の中旬に、甘粕を同行して、石原の部屋に入ってきた。

先に、ノックして入室したのは片倉だった。

「片倉さんが、副長にお会いしたいと見えております」

副官となった高橋柳太が伝えた。

片倉は石原の返事も聞かず、甘粕を部屋に入れた。甘粕は満州に来て十三年にもなる。軍人をやめ、満州国の警務局長になり、今年に入って協和会総務部長に就任し、事実上の満州協和会の会長代理に大出世である。

色白の顔はふっくらとし、縁なしの眼鏡の奥にある眼は殺人者らしく冷やかである。うすい唇がニヒルさを印象強くしていた。この日も濃紺の背広にネクタイをつけ、左腕に黒い外套をかけ、左手は山高の黒いハットを掴んでいた。

甘粕は、

「ごぶさたしております」

と深々と頭を下げた。

石原は二人を、ソファーに案内した。石原が座るのを待って、甘粕と片倉がソファーに腰を下ろした。

「甘粕部長は、協和会の人たちを、だいぶ苛めているそうだな」

石原は単刀直入に言った。

甘粕はちょっと照れ笑いをしたあと、

「とんでもありません。協和会は、ようやく落ち着いたところです」

「満映を計画しているそうだが、満州協和会は政策集団だ。五族協和の下に政府がある。その横っちょに関東軍がいる。満軍を育て上げれば、オレたちは撤退してもいいんだよ。オレたちは、満州人の土地に居候している身で、オレたちの満州ではないということを忘れんでくれ。満州人の間から、いろいろな声が届いているぞ」

「今日は、満映の話を、と思ってきたのですが。それにイタリア政府との交流もありますので。満州政府を全世界に宣伝するいい機会かと思います」

「そうかな。もっと、満州人の声を聞いた方がよくないか。君がやろうとしている映画とやらは、日本の俳優を使って日本人に見せるものではないのか。それじゃオレたちは日本人のために満州国を経営していると、言っているようなものではないか。逆だろう？　満州人を使って、満州人に見せる映画でなくちゃいかんだろう。いくら日本人が支那服を着て、支那語をしゃべったところで、貧しい支那人は、いやな思いがするだけだぞ。日本の文化を満州人に押し売りするようなものだ。それに映画のことはオレの仕事ではない。となりの参謀長の仕事だ」

「一応、石原副長にも知っていただきたいと思ってきたのですが。来年四月、イタリアとの外交関係が成立する見込みで、使節団が新京に到着予定です。私どもは、背広ではなくて、協和会服で臨もうという考えです。石原副長の意見をお聞きしたいと思いまして」

「星野総務長官は日頃から協和会服で出勤しているそうだね。彼の意見はどうなんだい？」

「もちろん、全員協和会服で、ということです」

「橋本中央本部長も同感だろうね。当然総理も協和会服で迎えるだろうし、いいではないか。

けど、この式典が終わったら脱ぎ捨てることはせんだろうな。特に日系官吏たちには厳重に通達することだぞ」

「当然、こちらからもイタリアに使節団を送ることになりますので、徹底させます」

石原には、日系人が中心になることはお見透しだった。それも不満であった。

満州国の行事、政策に関東軍は内面指導し、口を挟むなど、承認主義をとっていた。その指導者が片倉である。片倉の了承をとらないで物事を決定することはできなかったのである。

石原はそんな片倉に「お前は張総理以上の実力者だな。満州五族のボスではないか」と皮肉ったのである。

この日も甘粕の前で石原は苦言した。

「おい、片倉。五族協和の下に満州国を建国されたことを、お前も甘粕も忘れちゃいないだろうな。見ろよ、日系人の役人を。オレは歩いて通勤しているのに、日系人の役人どもは、三十そこそこの若い奴までが、毎日運転手付き車で通勤しているではないか。満人たちはみな歩いて通勤しているのに、今朝も日系人の若造たちはオレの眼の前を、黒塗りの車で通勤していた。

片倉、お前も参謀官舎から車通勤じゃないだろうな」

「私も、車を使っております」

「各大臣、各部長以外は全員歩きか、馬を利用することだ。車を取り上げた方がいい。それでなかったら、満人たちにも運転手付き車を与えることだ。月給もそうだ。日系人は三倍取っていると聞いている。ただちに満州人と同額にしろ。そのかわり、日系人には外務省職員と同じく外地手当てを払うことでどうだ。満州人たちも納得するだろう。甘粕はどう思うかね」

「協和会の職員の半分は満人ですが、国務院と同じ給与制度です」

「三倍は取り過ぎではないか。せいぜい満州人の一・五倍がいいところだ。宿舎代は政府もちだからね。独身の日系人が、オレの眼の前を黒塗りの車で通勤しているのを見ると、この野郎と思ったし、満州人は自分たちが征服された奴隷としか思わんぞ。それじゃ満州国は終わりだ。みんな、張学良の満州が良かったと言いかねないな。そうなったらどうする」

「ですが、外務省職員も、そうなさっておられます」

「彼らは一日二十四時間の仕事だ」

「日系役人も同じと思います」

「バカを言っては困る！　満州国民ではないか。甘粕、君は建国当時は民政部の警務司長だったね。五族協和の精神はお前が一番知っているはずだ。そのお前は、いつから植民地の指導者になったのだね。オレは満州国をとなりの朝鮮のような自治権のない植民地にした覚えはないぞ。本庄さんも板垣さんもしかり。満州は支那からも日本からも独立した国家に育てた。そのためには、民間人、それも協和会という政策決定機関の指導で、この国家の行政、経済産業、治安をやる。関東軍はその手助けをする、と決めたはずだぞ。今回オレが、のこのこと生き恥を晒してここにきたのは他でもない。当初の五族協和の満州国に戻し、蔣介石に感謝される国になるよう再建するためにきた。日本は英米仏、そして最大の敵ソ連と戦になる。オレたちは明治の先人が血を流して築き上げた台湾も朝鮮も南洋諸国も北方領土も、何もかも失うことになる。もしかしたら、列強国にこの日本も分割されてしまうぞ。おい二人。戦をやってこの小国日本が戦えると思うかい」

すると、片倉は大きな体をソファーに背もたれたまま、

「また、副長の予言ですか」

甘粕はじっと石原の口元を見詰めて黙っている。その甘粕に、

「オレの予言は外れたことはない。いいか。アメリカは日露戦争後、金を貸したのに満州鉄道経営に参加させなかったと目の仇にしている。奴らはこの満州をほしがっているのだ。奴らは覇道主義者だ。何でもかんでも、己の主義に逆らう奴は外交と兵糧攻めで苦しめ、相手からケンカを仕掛けてくるのを待って戦に入る。アラスカ、ハワイを見よ。ハワイの王族はいつの間にか消されてしまっただろう。国際法を無視して叩き潰しにくる。アングロ・サクソン民族の歴史はそんなもんだ。みな征服して勝った者が法律だという。日本が敗れたら、帝国憲法を引き裂き、天皇制度を廃止し、彼らがつくる法律に従わせるようにする。軍隊を常駐させるのはオレたちも同じだ。頭のいい君ら二人が、知らんはずはなかろう。甘粕君、どう思うかね」

「戦に敗れなければよろしいわけです」

「その通りだ。負ける戦なら、やらないのが常道だ。けれど力で押さえつけて外交に勝つ相手にはどうするか」

「軍事力しかございますまい」

「オレはこの二十日間近く、ソ満国境を視察してきた。この司令部で掴んでいる情報とは全然違う。少なくとも一年ズレている。この調子なら、方面軍をつくり、前線を任せた方がいい。この司令部は不要だ。それにスターリン五ヵ年計画は、想像以上に成功している。ここは、満州国の五族がひとつとなり、産業を開発して戦備を自給自足でやりとげ、向こう十年間、戦を

せず、国力をつけることだ」

「しかし副長。あなたがいた参謀本部は日支事変から支那事変へ、遂には南京近くまで行き、百年戦争に進んでいるではないですか。この満州に軍隊は戻ってこないですよ」

「片倉君、そのために満州人の軍隊を大迫や平林君が一生懸命に育てている。二年もすれば二個師団がつくれる。君はその予算を削っているようだが、何か理由あってのことかね」

「お言葉を返すようですが、あまり満州人の軍隊は多くつくらない方がよろしいと思います。彼らは被征服者であり、中には張学良や張学相兄弟に通じている者もおられるはずです。あまり強大になりますと、いつ寝返るとも限りません。朝鮮系の若者の中にも、ソ連のパルチザンの手先にならないとも限りません。ほどほどがよろしいと思います」

「そうならないため、各省ごとに人心を掌握するのが君たち二人の仕事だろう。オレは参謀長に作戦以外のことには口を挟むなと言われているから、黙っている。きょうも、大川博士がやってきたが、オレは会わなかった。顔を合わせれば、当然国家論になる。口を挟むな、と言われているから、大川博士には申し訳ないが、片倉君から事情を話してほしい」

大川の訪問は突然だった。いつもの癖である。予約なしで顔を出し、相手を驚かした。前日の夕方も、副長室の前で故意に、

「石原君は在室ですかな」

と声をかけいきた。石原は、大川周明博士の声だとすぐに分かったが、隣室には東條がいる手前もあって、

「石原君はおりません。参謀長は隣りです」

と大声で応えた。

すると大川は、断られたと思い、そのまま廊下に出て、参謀長の部屋に入って行った。石原はその後、部屋を出たので、同郷の大川とは会わなかった。そのことを、二人に、伝えた。

第８章

哈爾濱の春

1

石原は、甘粕と片倉の二人があまりにも変わり過ぎたことに、失望した。片倉は東條の言いなりに、国務院に対しても、強圧的だった。必ず関東軍を通して議案、行事予定を報告する認可制をとっていた。これは隣りの朝鮮総督府のやり方と同じで自治性がない。石原が一番嫌い、避けてきた植民地政策である。

二人と別れたその夜、石原家に、眼鏡をかけた小柄なインテリ風の杉浦晴男が、彼の編集する『王道文化』という雑誌を持って訪ねてきた。

杉浦は東大を卒業後に満鉄調査部に入社し、国柱会会員として動いていた。石原が新潟港から満州丸に乗り込んだ日は、新潟港で見送って別れている。

石原は、ベルリンで買った羊毛のドテラを着たまま、書斎室から応接室に出てきた。

「やあ、杉浦君。しばらくだったね。みんな元気か。あったかい羊のミルクだ。飲んでくれ」

と、錦子が大きめのカップに並々と入れたミルクを卓に置くと、右手で差し出した。

「新潟港で見送って以来です」

「そうだったね。みんな元気だろうな」

「はい。こちらにきて、山口さんや和田さんにも会いました。みなさん、石原さんがこちらにこられたので、喜んでおられました。満人の会員たちは、泣いて喜ばれております」

「ぼくも小澤君、山口君に会ったよ。小澤君なんか、元の協和会に戻してくれと言ってきたから、片倉には、橋トラの奴が本部長になっているから、軍人の橋トラを追っ払って山口君を推薦しておいたんだ。片倉の奴、東條に言われて橋トラに決めたんだろうさ。何も知らん浪人軍人じゃ、満州人は不服であるはずだ。橋本中将と、人殺しの甘粕じゃ、どう見たって日本軍人の協和会だ。張総理はお飾りモチだ」

「そうです。甘粕さんは強圧です。彼は大杉栄ら三人の殺害真犯人ですよ。全満に知れ渡っております。そんな殺人犯が満州協和会の総務部長では、みんな怖がるだけです。力で威圧しているようなものです。満州浪人もウロウロしています。満州人の間に、日本人はあと十年ももたない、と噂が拡がってるのをご存知ですか。それも国務院の満系役人の間でのことですよ」

「実は今日、二人にそのことできつく言っておいた。しかし奴らは、テコでも動かんと見ていいよ。指導力も人望もないから、ここはぼくらが、独自の運動を展開するしかないな」

「どういう方法ですか」

「うん。この前、たまたま『まこと』という雑誌にいい原稿があった。小泉菊枝という女性が〈満州の少女〉という生活レポートを書いていた。なかなか良い話だった。君の『月刊満州』に連載されてはどうかね。一度小泉さんに会ったら、錦ちゃんを訪ねるように伝えてくれないか」

「あの原稿、読まれたんですね。協和会の方で打診してみます。実は、ご主人は関東軍の主計少佐だとのことですから。居所さえ分かれば、何とかなります」

「ほう。主計官舎なら、ここから西だよ。ぼくからも小泉少佐を捜してみる。錦ちゃんから君の方へ電話させるから。ぼくも明日、北の方に出かけるから不在になるので、錦ちゃんを訪ねてほしい。ところで、今夜は泊っていくといい。いろいろと聞きたいのだ。副長官舎には客間もあるんだよ」

「そのつもりできました」

杉浦は眼鏡を外し、礼を言った。

その夜は、満州の酒をいただき、杉浦はすっかりご機嫌だった。胸にこもっていたことが話せて、気持ちが身軽になった。

2

新京も含め、北と東西全域の情報収集は、樋口季一郎の哈爾濱特務機関の仕事である。石原は黒河、東の綏芬河、日本人がつくった佳木斯、それに満州里に、日本人を入植させて民間情報員を育てたいと考えていた。

杉浦が訪ねてきた翌日、午前中の軍司令部での会議を終えた石原は、午後の列車で哈爾濱駅に発った。

哈爾濱は雪がちらついていた。空はどんよりと曇り、北風の雪が舞った。

哈爾濱駅は、元首相で朝鮮総督府総監の伊藤博文が朝鮮人の安重根に暗殺された、日本人にとっては怨念の駅である。石原は参謀服の上に黒の外套で身を包み、頭には毛皮の防寒帽をかぶり、プラットホームに降り立った。この駅も、五年ぶりだった。奉天から乗り込んでいた白系ロシア人家族や満州人の男たちが、駅舎の方へ歩いていく。石原は一通り駅裏の方を見て歩き、降車出口の方へ引き返した。

駅構内は白系ロシア人や朝鮮系満州人、それに日本人商社員たちで賑わっていた。いろいろな言葉が飛び交う。ソ連旅行者もいて、重い口調のロシア語も聞こえてくる。

石原は表通りに出ると、左前方のヤマトホテル側の歩道を歩いた。駅からヤマトホテルまで歩いて三分で、特務機関が使っている二階建ての洋館まではホテルから五分先の左手になる。元ロシア貿易商人の家だったが、満州事変後、日本が特務機関用に使ってきた。古いコンクリートのロシア建設の建物は、地下一階と地上二階、それに屋根裏部屋もある。

二階の階段を上がると、すぐ前が副官室で、左が機関長室である。

石原は日本人の守衛に身分を明かして用件を伝えた。一人が建物の中に消えた。すぐに引き帰すと、鉄格子の門が重く開いた。広い玄関である。中に入ると高い天井のホールで、突き当たりに大きな階段がある。

副官の一人は守衛からの連絡を受けていて、階段を上がり切った踊り場で迎え、左手の機関長室に案内した。

「これは珍しい。電話をくれれば駅まで迎えに行ったのに。それに一人とは物騒だぞ」

口髭の樋口は、応接椅子に案内した。仕事柄、背広姿である。同期生の中では髪が黒々として若く見える。

「同期生に電話する奴があるか。抜け駆けに限る。奥さんとお子さんは？」

「やっと、こっちにくる気になってね。ひと月前にきた。官舎生活だ」

「これは、お土産だ」

と言って、杉浦にいただいた奈良漬大根の一本を包んだ紙包みを手渡した。樋口は小さな紙包みを受け取り、解いた。それが奈良漬大根と分かると、頬肉が弛んだ。

「おっ、家内が喜ぶぞ！」

二人は思わず哄笑した。

石原は、久しく笑うことを忘れていた。旧友と会うと、何故か気が緩んだ。足を組んで座り直した。

「先日、満州里へ行ってきたんだ。ここと似てロシア人の街だな。本当にみんなスターリンが憎いのかねと疑わしくなった。一個大隊を置くつもりだ。南の内蒙古国境も工夫せんといかん。いずれは飛行機でやられるな」

「満州里からシベリア鉄道に入ると、ニセ要塞やら永久要塞が防波堤のようにずらーっとある。あの国は経済力に勢いがあるから、こいつは厄介だぞ。重爆撃機、戦車など新型兵器が完成しているだろう。ヒットラーはスターリンにトラクターのキャタピラを売っていると聞いた。ソ連は戦争用に使うつもりだぞ」

「当然あると思っている。満州国は重工業を育てて製鉄業を増やし、軍需用に使うが、鮎川の他に満州進出企業がやってくる。そこで、各国境の情報戦略のため、若い開拓団を誘致し、特務機関の出張所をつくってほしいのだ。北安は特にもろい」

「この一帯も松花江もスパイ天国だよ。哈爾濱の夜となると、こっちも滑り込ませ、呟き声にまで神経を配っとるよ」

「今回の視察では、四方八方から包囲されているのが分かったぞ。相当に固めないといかんな」

「時にオレの方からも用件がある。満州里でユダヤ人を見かけたはずだが、満州里の向こうのソ連領にポーランドやドイツ、オランダから逃げてきたユダヤ人が満州領に入りたいと言っている。安江からの連絡があって、満州が引き受けてやれ、とのことだ」

「安江か。あいつは何人ぐらいだと言っとるのだ？」

「さあ、数は分からん。五千とも一万人とも言っとったなぁ」

「広い満州だ。彼らの村をつくってやれ。海拉爾から満州里の間ならいいではないか」

「お前もそう思うか」

「あの辺りは水もある草原だ。防衛上もよろしい。オレはあのヒットラーを信用しない。防共協定は名目上のことで、多少ソ連軍には重圧かしれんが、それでいてキャタピラを売り込んでいるし、ユダヤ人狩りをやろうとしている。許せん奴だ。日本と防共協定を結んでいながら蒋介石軍に武器や顧問を送り込み、呉淞には強大な要塞を築いていた。お蔭でわが方は二万の死傷者を出した。今の軍人は信用ならん」

「よし、決まった。ここでユダヤ人大会をやる計画がある。それもよろしいか」

「片倉に言っておく」

「なんだ、東條とはうまくいってないのか」

「いくもいかぬも。作戦もできぬ伍長さんではないか」

「丁度よい。ここのところ、黒河で、しきりと花火が上がる。それも色を変えて打ち上がる。こっちもソ連領内に情報員を送り込んでいるが、輸送列車がしきりに走っているそうだ。イマン駅を爆破して寸断しないか。こっちから仕掛けてもいいぞ」

「いや。もっと国力をつけることだ。こっちが仕掛けず、守備固めが先だ。東満と北満には合わせて二十万戸の移民計画をやる。人数にして百万人の移住だ。日本政府と満州国から金を出してもらい、国境近くの未開地に入植させる。場所の見当もついた。地主から満州国が買い取り、それを加藤完治の公社に払い下げる。そして後方に、軍の後方基地を置いて開拓団を守り、農作業を自給自足し、内地への輸送を、軍が手伝う。こういうことだ」

「それはいい。国境を越えてくるスパイが摘発できるな。なにしろ敵スパイも同じアジア人だから、見分けがつかずに苦労するのだ。いつからだね、入植は」

「今、国務院が予算を組んでいるところだ」

「開拓団が集まるといいな。ところで岡村第二師団長に会っていくんだろう。この突き当たりの建物にいるよ。四連隊の兵隊たちに顔を見せてやれよ。喜ぶぞ」

「そうだな。いろいろとお世話になったからな」

3

第二師団歩兵第四連隊は、石原が大佐になり、初めて連隊長になった、通称仙台連隊である。師団は戦略、連隊は作戦を担当するので、自由自在に戦法がまかされた。軍人なら誰でもがなりたいのが連隊長であり、師団長である。

石原が連隊長になったのは昭和八年八月である。連隊本部は仙台駅の東側にあった。石原は連隊長の時、「連隊長突撃戦法」を自ら実行して注目された。

これまでは、連隊長は参謀と一緒に後方にいて、兵隊を前線に立たせ、突撃も小隊長が指揮をとった。ところが石原は、「連隊長は作戦を決めた立場だから、自ら先頭に立ち、指揮刀を振りかざして突っ込むべきだ」と言って、訓練では自ら先頭を走り出した。

指揮は連隊長が敵弾に倒れたら大隊長が、大隊長が負傷したら中隊長が継ぐべし、という戦法である。これまで、連隊長は作戦を立てて、高い所で前線を見守り、前線が敗れたら早々に引き揚げていた。したがって無傷である。

「自分で決定しておいて、前線に立って作戦を実行しない連隊長はいらない」

と、戦法を変えて、全国の連隊長を困惑させた。

もう一つの改革は、兵隊宿舎の割り振りである。

それまで、兵隊たちは、他の村の兵隊と交友させるため、同じ市町村から徴集された兵隊たちは別かれ別かれになった。若い兵隊たちの中には淋しさと厳しい訓練と軍隊生活に耐え切れずに脱走する者が少なくなかった。

　石原は脱走の原因を知り、各町村ごとに編成する「郷土隊式」を考案した。これなら同じ町村出で顔なじみであり、村の話もでき、郷土愛が生まれるではないか、という動機だった。

　郷土愛は、つまるところは国土愛でもあった。少年兵なら誰しもが集団生活になじめず淋しい思いをしていた。だが「決め事」として誰一人、連隊長は取り上げなかった。石原は、遠慮なく、まず彼の連隊で組み替えて集団生活させた。

　結果は、夜が楽しくなり、誰一人脱走者を出さずにすんだ。のちに、全国的に石原方式が採用されるようになる。

　その歩兵第四連隊が、歩いて二分先の建物の中にいる。特務機関の建物を出た石原は、歩道を左手の方に歩いた。四階建ての、かってはロシア帝国時代の商業ビルだった建物の前には、十間幅のひろい道路が南北に走っていて、哈爾濱駅とは直線で結ばれ、突き当たりになる。

　道路に沿って鉄格子の柵がある。中央に守衛の小屋が両側にあった。石原は守衛の前で外套を脱いだ。参謀服を見た若い兵隊の一人が、ニタっと笑って挙手した。石原と気付き、笑い顔で門を開いた。そこでもまた、挙手した。二人とも山形出身の兵隊だった。偉大な大先輩を仰ぎ見て、得意そうだった。

　師団長室は中央の玄関からそのまま上がり、踊り場で折り返して、右の突き当りにある。

　師団長は岡村寧次中将で、陸大では石原より五年先輩である。これから四年後に大将となり、終戦の時は支那派遣軍総司令官で、重慶政府に逮捕され、戦犯として裁かれた。

「お前、作戦部長をクビになった理由を聞いたぞ」

　岡村は、応接用ソファーに腰を下ろしながら言った。四角い顔に黒縁の眼鏡をかけ、口が大きい。クスクスと笑うと眼がなくなった。

「中央部に反対したためであります。石原は不要とのことでした。それならこの満州で骨を埋めようかと思いまして」

石原は、見抜かれているようで、苦しい顔になった。

「それも悪くないが、統帥部を差し置いて、内閣が上海派遣軍を出すと決めたことは許せない。元帥は天皇陛下であられるぞ。それなら参謀本部はいらんことになる」

「それもこれも、三個師団派遣を言ったのがいけなかったのです」

「しかし君は、あとで撤退を進言した。現地協定が成立したからだろう。それでよかったではないか。まあ、参謀本部の二部と軍事課に仕掛けられたようなもんだよ。本間君はあんな男じゃなかったんだがね」

「私は支那を捨てました。満州国を再建しないといけません。参謀長も内地企業の誘致で一生懸命です」

「うむ。一生懸命なのはよいが、ちっとも兵器を回してくれない。彼は政治家になったな。ああいう男が出てくると、将来厄介なことになるぞ。みんな面従腹背かと思いきや、ロボットになってしまい、東條内閣になってしまっておる。用心が必要だぞ」

「中将も、寒うございますから、くれぐれも御自愛下さい」

「この冬を越せば交替だ。それに将来は孫呉に師団を置く必要があるな」

「石原も同感です」

「それとな。君がいた四連隊の連中、みんな元気があるな。今も連隊長は自ら指揮刀を振り上げて先頭を走っとるよ。今日は半分がスキー訓練に出ているけど」

「それは楽しそうですね。松花江作戦にスキーは欠かせませんから」

石原は岡村に礼を言って、部屋を出た。

彼がドアを開いて廊下に出ようとしていると、廊下で聞き耳を立てている十人程の将校たちがサーッと引き、道を開け挙手した。

「なぁんだ、君たち。聞いていたのか。中に入ってよかったのに。しかし哈爾濱は寒いのう。あちらさんは氷の上でも攻めてくるからね。風邪を引かんようにな」

石原はそこにいた十人ほどの将校たちに言った。一人が、

「寒さには慣れました」と笑った。

「君たちに会ったのは二・二六事件以来だな。あの時は世話になったぞ」

「はい。あの時は、覚悟を決めていました」

「戦さなんかなるものか。それにしても寒いな。では――」

と言って、石原は階段を下り、玄関ホールに出た。そこで外套を着て、毛皮の防寒帽をかぶった。守衛に礼を言って、右歩道を哈爾濱の駅へ歩いた。道の中ほどまできた時だった。

「カシラ！　ナカ！」

と背後で叫ぶ声が聞こえてきた。

石原は何となく背後の方が気になって立ち止まり、振り返った。見ると、いつの間に集まったのか、五十人ほどの四連隊の兵隊たちが、守衛門の前で横一列になり、敬礼したまま見送っていた。

石原は、後輩たちに、挙手して返礼した。

雪が横殴りになった。将校たちの姿を消した。またすぐに、その姿を現した。それでも、彼らは石原の姿が見えなくなるまで、挙手したまま、英雄を見送り続けていた。

「アイツら、まだ立ってやがる」

石原はもう一度挙手で返礼した。

4

石原が片倉を参謀副長官室に呼んだのは、満州での治外法権完全撤廃の調印式が行なわれた十日後の十一月十五日である。

満州における治外法権は、昭和十年二月、日本の外務省に満州国治外法権撤廃に関する委員会で初めて協議された。遅れて満州国でも呼応するように、関東軍、駐満大使館、関東局など関係部署で委員会をつくり、協議に入った。同時に満州国政府部内でも、当時の遠藤柳作総務長官を委員長として、関係各部の司長を委員として準備委員会が設けられた。そこで法令の整備などの司法部関係、警察法規などの民生部関係、国税、地方税などの財政関係も三分科に分けて具体的な準備に入り、その年の四月二十二日に、満州国における治外法権撤廃要綱三項目を決定した。

この中に、治外法権撤廃は昭和十二年末までに整備すること、南満州鉄道付属地行政権は治外法権の行政部会で調整することを決めている。

第一次として日本と満州国との間に「満州国に於ける日本国臣民及び満州国の課税に関する日本国、満州国間条約」が調印され、満州在住日本人も漢・朝・蒙古人も満州人となった。課税は満州国の収入となり、土地所有も満州人のものになる。課税権は満州国に移譲されて。四万二千人いた外国人も満州国人となる。また英米煙草会社も満州国法人に改組され、多額の税を納税した。

最終回に当たる第二次完全撤廃は十二月一日付で終了するが、約七十万人いた在留邦人は満州国の法の下に生きることになる。約五十に及ぶ法律が制定され、日本人が刑法を犯して犯罪者になった場合は満州国の法廷において審判を受けることになった。

満州鉄道付属地行政権も、満州国に移譲したため、満鉄の付属地は満州国のものになり、満州にある日本国法人も満州国法人となった。

ただし、神社、教育、兵事に関する行政権は日本国に残した。なお、満州国政府で働く日系役人、施設は満州国政府が引き継ぎ、二重国籍を持つ日本人となる。ただし、新戸籍上は満州国人である。

十二月一日付での完全撤廃に向けての治外法権撤廃を最初に進言したのは、昭和七年の満州国建国の際の石原中佐だった。彼は日本が清国から九十九年間という条件で租借した大連や旅順など遼東半島の一部関東州も「満州国にやれ」と進言して、日本政府から睨まれた経緯がある。

現在は、関東軍の窓口は第三課の片倉衷中佐である。しかし早くも石原と片倉は、満州教育と兵事行政で対立した。満州国政府と関東軍の間では、教育については日本内地人、朝鮮人、付属地内における満人教育の三つであった。そのうちの満人と朝鮮人は満州国に移され、日本人教育は関東軍と駐満の日本人大使館の所管となった。

兵役も、行政権は日本側に留保され、関東軍と駐満大使が当たり、新京、奉天、牡丹江に兵事事務所を置き、日本国に対し兵役の義務を負った

石原はこの二件も、満州国の所管にし、在満日本人は満州人と同じく、満州国の兵役につくように、片倉に食ってかかった。

「しかし副長。これは日本国と満州国との条約で決まったことです。十二月一日に、完全移行になっておられますよ」

片倉はあきれ果てた顔で説得した。

「そもそもだ、満州人の教育は満州国でやるべきだ。日本人だけを別教育するとは何事だ。在満日本人は軍人や教育官を除き、全員が治外法権撤廃で新しく満州国人になったわけだから、その子供も満人、鮮人と一緒の教育を受けるべきではないか。それを日本人は別だ。日本の教育を学ばせるんだ、では新しい満州国人にはならんだろう」

「今更それを言われても困ります。この二年半かけて日満間で協議したことではないですか」

「それで、五族協和と言えるのか。あの満州国旗に向かってなんとするか。君は裏切り者と呼ばれるんだよ」

「しかし副長、それでは子供を日本に残す家族が増えてきます。軍人の子供たちも、満州に住めなくなります」

「在満中に、一緒の学校に通えばいいではないか。支那語も覚え、友人もできるぞ。それとも

君たちは差別教育をやろうというのかね。軍人は異動があるからたったの一、二年の共同教育ではないか。これじゃ子供たちは満人と仲良くなれんだろう？　友達もつくれないだろう。金魚鉢の金魚にして育てようというのかね？　星野は何と言っているのだ？　聞いてこい。さもなくば、オレの所に連れてこい」

石原は怒鳴ったあと、血尿感を覚えた。このところ疲れから、体調がすぐれなかった。怒鳴ったあとで後悔した。

「それでは兵役についても、満軍を入れるということですか？」

「満州国人になったからには、この満州国の軍人だ。軍人の子供も、在留邦人の子供も、満軍として教育を受けることだ。建国大学、大同学院など、いろいろな高等学校に行くも良し。この満州国のための教育内容をつくり上げることではないか。満州にいる子供は内地に戻って教育を受けることになったら、この満州にはふた通りの子供が育つことになる。中にはそのまま日本に留学し、帰ってこない子もいるだろう。帰ってきても、軍人教育が違っていては、満州人と仲良くならんだろう。それじゃニセ満州人と言われてもやむをえんな」

「副長。それは言い過ぎではないですか」

「そうかな。鮎川の会社は、満州国に現地法人を早々に登記して十二月一日付で満州国の企業に変身することで、法人資格をとることになるそうだ。鮎川はこれで本格的に満州に進出するのに、教育と兵事行政は日本政府でやるのでは、片手落ちではないかね。オレは君と違って内面指導の立場ではない。それにここまでくれば、関東軍は内面指導をするものは何もないと思うよ。それに、これは何だね。オレは捺印できないぞ。満州婦人会費二百万円とは、どんな会合か説明してくれないか」

　石原は一枚の申請書類を片倉の前に突き返した。機密費からの捻出予算である。

「それはその。お茶会や、生け花の会とか、満州政府のご婦人たちに教えて、親睦を深める経費です。日本の文化を知ってもらうために、参謀長夫人が中心になって、満州国政府婦人だけでなく、在満駐在のご婦人たちも交流しております」

「君のご夫人も出席しとるのか」

「はい。毎週一回のペースですから一年分の予算では、それくらいになるかと」

「そうか。しかし旦那の手当ての中から工夫できんのかね。軍の機密費を使うというのは、趣旨から外れていないか。軍機密費は婦人がたの遊興費に使うべき性質のものではないと思う。将校夫人のおしゃべりの会費ではないか」

「副長、参謀長が承認してきた経費です。これからどうなさろうというのですか」

「オレは反対だね。いいかい。板垣さんと星野との間は、これまで地方委譲してきた営業税と租税を、満州国の国税にしたのはまだ一年前の話ではないか。オレたち軍人家族が、夜の宴会やお茶会なんていう理由で使ってみろ、満州人たちはどう思うかい。現にこの新京には日本料理店や酒場がたくさんあるではないか。オレたち軍人は、自らを律し、質素生活に耐えなければならん身だぞ」

「お言葉を返すようですが、治外法権が撤廃されて、満州国法の下で生活する日本人は交友の機会がなくなります。日本人が指導していかなければ、この国はまだまだ子供です」

「子供なものか。第一民政部、外交部など中央機関の職人は日本人が半分を占めているではないか。地方でも四割近い。国務院たるや八割が日本人だ。これが満州国家の姿だぞ。逆でないといかんだろう？　朝鮮人は一％にも達していない。そんな状況下で、参謀夫人たちのお茶会、食事会かね。高給をとっているんだから、自前でやれるだろう」

石原はダミ声でまくし立てた。この婦人会費の削除が、参謀長夫人を怒らせ、同じ官舎に住む錦子を苦しめることになろうとは、さすがの予言者石原莞爾も予想しなかった。

5

参謀長の東條は十二月一日付の最後の治外法権の調印、日産グループの鮎川の新京入りで多忙を極めていた。

石原と東條は、互いに無視し合い、避けていた。重要な要件でも、副長の石原を通さずに直接参謀長が呼びつけて指示している。会議でも、石原は外を見て無視し、東條は石原の意見は聞かずに、先へ先へと進んだ。すでに石原は他の将校たちに敬遠されていた。

しかし石原が用件を伝えに出かけると、東條は丸い黒縁の眼鏡の奥で眼を細め、手のひらを反して歓迎した。

地元満州人の子供を軍学校に入れて指導している満軍顧問の大迫通貞大佐が、石原に同行されて参謀長室を訪ねた時は、上機嫌で、まるで番頭のように接客した。

この時は、石原自身が、満軍の顧問になって、満軍を整備強化したいので許可をとりにいったのである。東條は上機嫌で、

「満軍を関東軍の一翼たらしむるように強化してくれ。これがため、くだらぬことは、いちいち事務上の手続きをせぬでも、君たち二人で相談して進めてくれ」

と許可した。

この一件では、大迫は冨永恭次作戦課長から、東條及び石原からの経緯報告を受け、全幕僚に伝えた。その旨を冨永は大迫に、

「全幕僚に達せられましたから、ドンドンやって下さい。よかったですね」

と言って喜んだ。

だがこの一件が、翌年一月上旬、大雪の中で大問題となった。それは満軍の張宗授（日本名伊藤順之助）部隊の処分をめぐってのことである。

この部隊は中国北支の山東省の匪賊を招撫する、乱暴な部隊だが、隊員たちは郷里の北支へ帰りたがっていた。北支軍は関東軍との間で話がまとまり、石原と大迫は東條参謀長に許可をもらいにいった。するとすんなりと「北支軍に渡す」ことで、東條参謀長の許可が下りた。

その時は、事務手続き上は一切極秘裡に進めて、準備ができ次第、北支軍から電報一本で、満軍は国境の山海関駅に乗り入れ、受け渡すことになっていた。

だが、その日、石原は父親の葬儀で日本に帰り、大迫はソ満国境の視察に出ていて、受け渡しの現場にタッチできなかった。

この一件で北支軍から関東軍に電報が届き、それを知った関東軍の参謀たちは、責任者の満軍最高顧問の平林盛人少将と田中久大佐を呼びつけて糾弾した。

その席には東條参謀長も同席していたが、

「関東軍に相談なく、これは何事だ！」

と事情の知らぬ参謀の一人が怒鳴った。

すると田中久大佐は、

「きちんと手続きをとっているのに何が悪いか。北支軍も彼らを引き受けると言っている。関東軍は、乱暴な彼らを、やっと治安が回復した満州に帰られては困るというではないか」

とやり返した。

それを聞いていた東條は全幕僚の前で、

「貴様はオレたちと同格と思っているのか！」

と怒鳴った。

これは重大な東條の失言だった。軍事顧問も関東軍の一部であり、しかも中央顧問部は参謀部の一課に準じて服務する規定になっていた。満州では関東軍参謀長の直接の部下である。その東条が失言したのである。

この東條発言に、田中は憤然として、

「私は陛下の軍人で、位階勲も有しております。公務上の席上、キサマとは何ですか。また同格とは何ですか！」

血相を変えて東條に噛みついた。

東條は震えあがって、彼らの発言を取り消し、うやむやのうちに会議室を出ていった。東條は大迫、石原との間に、この一件を極秘裡に取り決めていたが、その事情は幕僚たちに説明していなかったのである。大迫はこの一件を聞くと、翌朝早く、東條が起きる時間に参謀長官舎

を襲い、事情を話し、

「三人での取り決めがあったこと、なぜあの場で話してやらなかったのですか」

と詰め寄った。

この時は、東條も謝ったが、しかし関東軍と田中久との溝は深まり、やがて田中久は辞表を出し、軍人も辞めて、郷里の高松に戻り百姓になった。

この一件で、石原、大迫、平林の三人と東條との間には、埋められぬ溝がますます深くなり、互いに口をきかなくなった。

その二十日前には、鮎川義介の日産グループは、十二月二十七日、哈爾濱のヤマトホテルに軍人、実業家、外国人、新聞記者たち合計二百名を呼び集めて、満州重工業開発株式会社（満業）発足の披露パーティーを計画していた。

招待状は石原にも届いた。だが彼は「作戦の仕事以外のことだから行けぬ」と言い訳をして辞退した。その後、石原は鮎川とは会わないことにした。披露宴を控えたある日、鮎川が石原の部屋を訪ねて挨拶にきた。会えばすぐに東條に伝わるため、

「石原はおりませんよ。東條さんなら隣りですよ」

と、廊下の鮎川に声をかけて追い払った。しかし鮎川にはその事情が分からず、彼はドアを閉め、踵を返して、虚しい足取りで司令部の廊下を歩いて帰った。

そのことも、東條の機嫌を悪くしていた。

田中久大佐は石原の帰りを待たずに、満州を去った。東條への抵抗の印だった。

第９章

日産、満州の宴

1

関東軍では、新年の挨拶回りを恒例としていた。将校たちは、マイナス二十度の極寒の中でも、上司の官舎を訪ねて挨拶回りする。

石原は年末の全体会議の席上、東條参謀長のいる前で全幕僚たちに、

「作戦上から、来年の新年への挨拶回りを禁ずる。南京をはじめ、前線の兵士たちは家族とも会えずにいる。参謀だけが正月気分になってはならない。いつ何が起こるか分からないので、家族とゆっくり過ごすように」

と訓示した。

参謀婦人会予算の廃止といい、新年の挨拶回りの禁止といい、石原は上からも下からも憎まれた。唯一人、独身の植田軍司令官のみが喜んだ。司令部室に呼ばれた時だった。

「副長、よくぞ言ってくれた。新年は各課で出勤してやればよい。中支那方面軍、北支方面軍のことを思うと、慎まねばならんところだ。参謀長も理解してくれるだろう」

植田は義足の脚を伸ばし、煙草を吸った。

「もちろん、これは軍人だけでして、国務院や各大臣の挨拶は別です。これは個々で判断してもらいます」

「ご婦人会の件、あれでよかったかな。来年から使えなくなるから、自粛すると思うがね」

「大いに、親睦会はやるべきだと思います。ただし軍機密費からの捻出はいかんです。作戦経費として確保しませんと」

「東條君とうまくやってくれ。彼は国務院への出入りが多く、鮎川の新会社に一生懸命だ」

「その件でしたら、民間人にやらせればいいのです。財務部はきちっと国税をとり、予算化して、事業費として貸して、育てればよいのです。関東軍がタッチすることではありません」

「それにしても、法律で雁字搦《がんじがら》めだ。新しく五十余の法律ができた。満州人に理解されるかどうかの。なにぶん、文盲の人が九割近い。小学校は義務化しているが、大人たちが文盲じゃ。どうにもならん。いい知恵はないものかね」

植田は、首を捻った。石原が即答した。

「協和会の各支部員に指導させる方法が早いでしょう。満人の会員が各家を訪ねて、法律を説明してやることです。甘粕に、その分の予算を各支部に分配させます。やらぬよりましですから。甘粕も困った者だ」

「副長から、お願いしますぞ」

「必ず伝えます。それと来年予算から、航空工業学校、整備学校、兵器製造学校を合計十校建てまして、二年間で修業し、各工場に配置していきたいのですが。内地から指導者を呼び集めたく、参謀本部や陸軍省に打診しているところです。内地工場は海軍用に偏っていますので、こちらで関東軍と朝鮮軍用の兵器や航空機、戦車、自動車全てを満州で生産します。朝鮮軍は組み立て工場を二、三箇所つくり、こちらから各部品を届けます」

「海軍のために、やるようなもんだな」

「まったくです」

石原は、国務院長の星野直樹長官が訪ねてきたことを知り、席を立った。黒いセルロイドの眼鏡をかけた星野は、この日も協和会服姿だった。外は大雪だが、車で移動するため、靴底さえ濡れていない。

石原に気付くと、大きな体を折った。

しかし無言だった。

この年は三十日が仕事納めである。石原の所には、南京戦の様子が、辻政信大尉によって知らされた。

辻は、一時北支軍の参謀に出ていたが、十二月になって再び関東軍参謀に引き戻された。彼は奉天郊外に建設中の建国大学の校舎、学生宿舎、体育館、グランドづくりなど、現場を仕切っているが、逐一南京の司令部に電話をかけて状況を収集していた。朝香宮が上海派遣軍司令官として南京の司令本部に入ったが、南京市内では兵隊による強姦事件が発生して、軍紀が乱れ、松井石根中支那方面軍司令官が憲兵隊に、厳重処分するように指示した、との情報も入る。

蒋介石軍は正規軍と逃げて重慶に南京政府を置き、日本軍が占拠、駐留している南京市街を、逆に空爆してきた。

しかしそれら蒋介石軍の飛行機は、ボディこそ中華民国の旗印だが、海軍航空隊の高橋赫一飛行長によると、

「擦れ違った敵機を操縦しているのは殆どが青い眼をしていたソ連や英国人だった」

と、驚きの声を上げて報告している。

高橋は昭和十六年十二月八日の真珠湾奇襲に艦爆隊長として指揮をとり、真珠湾の全飛行場を爆破したベテランのパイロットである。彼は「この戦争は、誰と戦っているのだ。相手はソ連人と英国、米国人パイロットだ」と日中戦争の行方を心配していた。

「橋トラさんが、揚子江を航行中の米船レッドバリー号を野砲で沈めまして、このため鮎川社主のアメリカ資本と技術導入の話が立切れになりました」

辻は眼鏡の奥で無念そうに眼を伏せた。

「なに？　鮎川の資金繰りに見通しが立たないと満州重工業は遅れるぞ。あの野郎、何ということをしてくれた！　アメリカを味方にできたのに」

「残るはヒットラーです。ドイツの技術と資本でやるでしょう。もうひとつは、国内外の資本家に株を売って資金集めを考えているようです。両方を進めるのでしょうが、日本興業銀行が支援の声を上げました」

「興銀か。そうか。お前たち第四課は、しっかり見守ってやれ。でなければ、松岡を説得して、鉄道以外の全企業を政府が買い上げて鮎川に譲った意味がないぞ」

「松岡総裁とお会いになりますか」

「近々、訪ねていくつもりだ。それにしても、東條参謀長は何をしているのだ。顔を見てない

ぞ。オレの頭越しで進めているようだし。この前を何人もの課長たちが歩いて参謀長室に入って行くけど。お前もだろう？」

「はい。建国大学の工事進行と教授招聘の件で意見を求められました。以前、石原さんに言われていた、国際的に教授を集め、日、満、朝、台湾、中には白系ロシア人の子供も採用したい、と申し上げました」

「うん。それがよい。授業内容は内地の帝大のようなひ弱なものじゃいかん。ペーパーテストより、陸大のように十人の教官が一人一人と面接して採用するように。学校の費用は寮費も含めて全額政府持ちだ。月五円の手当ても出す。陸軍士官学校と同じだ。常に、研究する人材を育成せよ。骨の太い生徒を育てて、広く活躍する人材をつくれ。役人なんかにするなよ。そっちは大同学院で事足りる、全世界で活躍する人材をつくれ。外国語は英、ドイツ、フランス、中国語、ロシア語、モンゴル語を必修科目とする。武道は柔道と剣道を必修させる。予科三年は午後から農作物づくりだぞ」

「来年五月開校に間に合わせます。生徒募集は各地で十月に一次を行ないました。来春二次面接を行ないます」

「うん。それでいい。いずれ専門学校が必要になるが、建国大学開校後は満州国政府にまかせればよい」

「それにしても」

　と、荒くれ者の辻は、急に臥せ眼になった。

「なんだい」

と石原が言うと、辻は、

「日支事変後、中国本土戦は、ドロ沼にはまってしまいました。勝った勝ったと喜んでいますが、和平工作は失敗し、日支戦は長引きそうです」

「辻大尉。今更言ってもはじまらんよ。オレたちは満州国を強くしないといけない。今回国境警備隊陣地を見て回ったが、こっちが危ない。参謀本部に掛け合ってくるつもりだ」

「私も同行したいのですが」

「いいだろう。来春になるぞ」

辻は、石原の要請と了解が取れたことで、気をよくした。

2

辻と会ったその夜のことである。石原の官舎に和服姿の小泉菊枝が訪ねてきた。満州は珍しく雪が降らず、気温も二度と暖かかった。

鎌子が小泉を応接間に案内した。

小泉菊枝は明治三七年に青森で生まれ、上京して府立第三高女に入学した。卒業間もなく、陸軍主計の小泉寅雄氏と結婚し、十二年八月の異動で満州の関東軍主計に移っていた。

「満州人の少女」は、家事を手伝う満州人の少女との出会い、感動を書き留め、田中智学門下生が発行している『王道文化』に発表して好評だった。

結婚後、長男を亡くしたショックから立ち直れずにいた時、国柱会の門下生の集まりである

「まこと会」に入会した。同じ国柱会員の石原を知るのは、新京での対面からである。

石原がドアをノックして入ると、妻の銻子が嬉しそうな顔で、

「杉浦さんに紹介されて小泉さんがきておりますよ」と伝えた。

石原は、「あ、そうか。うがいをしてくる」と言って、応接間とは反対側の右手の廊下に消えた。それから、ドテラに着替えスリッパの音を立てて引き返してきた。

「いや、お待たせいたしました。石原です」

石原は自己紹介し、応接室のソファーに腰を下ろした。

小泉菊枝は色白で、大柄だった。額が広く、言葉遣いが丁寧である。立ったまま、

「杉浦さんに紹介されました小泉です。お初にお目にかかります」

と挨拶した。

「ご主人が主計局におられるそうですな。何かとご迷惑を、おかけいたします。さあ、立ってないで、お座りください」

石原はすっかり禿げた頭に手をやった。参謀部で部下を怒鳴る時の石原と違って、どこか照れ気味である。初対面で、どうしていいいか、銻子に助けを求めた。

「はい。実は――その――」

小泉菊枝は銻子を振り向いた。言ってよいものかどうか、迷ったのである。銻子が、

「何かおっしゃりたいことでも？」

と水を向けると、やっとの思いで言葉を継いだ。

「はい。その、こちらにお伺いすると主人に言いましたら、人格劣等だと青年将校が言ってい

るので、気を付けていくように、と言われたものですから」

傍で妻の鋉子がくすくす笑った。

「ああ。その通りですよ。ご覧のように、言葉遣いが悪くて、みんな私を鬼のように思っているようです。そんな彼らが、あなたが書いた『満州人の少女』を読んでいないとは、気の毒ですな。関東軍の軍人たちは、司令官を筆頭にみんな本を読まない。税金ドロボウです。立っていては、お話ができませんので、お座りください」

「平気で反対のことを言いますから、誤解されることが多いんです。ご主人も、そうおっしゃっていたでしょう」

鋉子が同情すると、小泉菊枝は「はい、それに近いことを――」と言葉を濁した。

「実は、顔だけ出して、すぐに立ち去るつもりで来たんです」

小泉菊枝は座り直しながら言った。

「でもね。あなたの書いた原稿は、もっと多くの日本人や満州人に読ませたいから、『月刊満州』に転載して下さい。特に軍人に読ませたいから。私の方からも編集部に話します」

石原はテーブルの上に置いてある『月刊満州』の雑誌をめくった。

「ありがとうございます。あれは感じたことを書いたまででして。他人に読ませる意図はなかったんです」

「いいんです。あれでいいんですよ」

「そうですか。頑張ってみます。ですが、二つほど、お聞きしたいことがありますんですが」

「何なりと、聞いて下さい」

「あの。王道と覇道の違いです。もう一点は兵隊さんに玄米食を勧めておられますが、なぜかと思いまして。主人からも、そのことをたずねてくるように言われました」

「ああ、それですか。私より、鎹ちゃんの方が知っております。私は食べさせられている側ですから」

「それは違いませんか」

鎹子は笑いながら手を振った。

「いいものです。それはこういうことです。白米は一番大切な成分であるカルシウム、ビタミンなどを取り除いた粕でね。もともと、とれたばかりの米の皮の一部はいろいろな栄養分を持っている。それを精米の段階で取り壊しているから、何一つ栄養はありません。ただのノリです。これを食べているだけです。それに満州の精米は悪く、洗米しても小石が残りザリザリして、兵隊たちは盲腸炎にかかり入院者が増えています。実に無駄なことをしています。ご主人にも玄米を勧めます。

もうひとつは、王道ですが。これを支配する者は謙虚でなくてはいけないということです。覇道は力で征服して従わせる西洋の支配思想です。古くはローマ時代からありましたね。ローマ帝国はヨーロッパを支配しました。力で征服しています。支配者は下の人たちにまで手が届く配慮と謙虚さがなくてはいけません。今の関東軍も、満州国日系役人たちも覇道主義に近いです。力で伏せています。力でネジ伏せてた者は必ず滅びます」

「そういうことですか。主人に話しておきます」

「時々、鎹ちゃんの話し相手になって下さい。私はいつ戻れるか分からない身ですから、いつでも杉浦君たちと一緒に訪ねて下さい」

「ありがとうございます。これまで、いろいろと聞かされていたことが、本当に間違っていました。昨年は、天皇陛下さまに、ご進講あそばれたことを聞いていましたので、どんな方かなと、不安でならなかったのですが、これで胸の中が、すっきりしました」

小泉菊枝が感心したことのひとつに、軍人が自分の妻に「テイちゃん」呼びしていたことである。ダミ声の太い声でテイちゃんと言った時、故意に装っているかな、と思った。しかし二度目の時は自然に言っていたので、これは本心で、偽っていないと確信した。

急に、また訪ねたくなった。

3

年の暮れの十二月二十七日、哈爾濱は雪が静かに積もった。夜はタイヤの跡がすぐに雪で消えた。ペチカの音も聞こえ始めた。

駅前のヤマトホテルの一階ホールでは、満州重工業の創立披露パーティーが盛大に行なわれた。ホテルは全館を鮎川義介が借り切り、部屋は要人たちの宿泊に当てた。

招待された人は、満州国の張景恵総理を始め、全閣僚、政府要人の星野国務長官、岸信介次長、日本興業銀行総裁など内地の銀行関係者、関東軍からは植田司令官、東條参謀長夫妻、四課長になったばかりの片倉、樋口特務機関長夫妻、協和会の橋本本部長夫妻、甘粕部長夫妻、満鉄の松岡夫妻及び各理事など、約二百人近くに及んだ。

この満州重工業は通称略して「満業」と呼んだ。日本と満州の民間企業に二億円の株券を発行して資金を集め、満州国政府と関東軍で赤字経営が続く満鉄の関連企業すべてを、満州国が買収して国有化し、それを日産グループの鮎川義介に売却するという条件で、鮎川は満州進出を決定している。

唯一の誤算は、揚子江を航行中の米国籍船を日本軍が爆破したために、アメリカ資本導入計画が、ご破算になったことである。

これまで満州にはフォードなどアメリカ自動車やドイツ、イギリス車の組み立て工場があった。日産自動車工業にとっては脅威である。

乗用車、トラックは関東軍と政府の買い上げだから、アメリカ、ヨーロッパ車は旧満人相手に限られている。

資本も労働力も、また売り先にも恵まれた日産グループだが、資金面でアメリカ資本分の二億円が不足した。それを、星野直樹国務院長官の後押しで、満州国が二億円の株を持つことになり、資本金は合わせて四億円という、満鉄を上回る東洋一のビッグカンパニーになる。

この日産グループの下に、関連企業二百社余り、下請け会社など、末端企業を含めると、一千社以上に及んだ。まさしく日本始まって以来の、夢の大陸に向けての出発であった。

髪が薄くなった鮎川は、モーニング服に横シマのネクタイを結び、壇上に上がって挨拶した。

報道陣も招待され、壇上の鮎川に向けてフラッシュを浴びせた。鮎川はフラッシュを浴びながら得意顔だった。細い眼がなくなるまで微笑みを浮かべた。そして響きの悪いマイクを通して、白い円卓を取り囲んでいる広間の招待客に向かって、甲高い声で挨拶した。

唯一人、石原の顔が、そこにはなかった。理由は、東條との約束を守っただけのことである。鮎川を満州進出に口説いた張本人の石原にも招待状が届いたが、東條との間には「副長は作戦のみ、政治、経済には触れぬ」との約束があり、出席を見送り、自室で読書した。

しかし、石原の出席を望み、一席ぶってもらいたかった鮎川は、二人のやりとり、中でも関東軍参謀内部の決め事は、知らなかった。

それだけに、石原の出席辞退は、無念であった。鮎川は、末席まで見渡し、そこに石原の姿がないのを確認したあと、挨拶に入った。

「えー、日本は、明治維新以来五十年間に近代産業を興した。しかし日本人は、手先が器用であるから、アメリカ人が機械を使う所を、日本人は手先に頼った。すなわち、手先の器用さで工作過程を処理する。実はそのことが、却って機械化の発展を遅らせたわけです。

私は本年五十七歳。今から十年間は働ける。日本が五十年かかって成し遂げた工業の発展を、この国において十年で成し遂げるつもりである。海外からの技術と機械を導入して、大規模な開発を行なうつもりである。みなさんのご協力を。ぜひともお願いしたい」

披露宴は二日間に亘った。

翌日の昼、同じ会場に社員など身内の者を集めて、昼食会を兼ねた内輪の披露会とした。その席で、アメリカ技術の導入は難しくなってきたので、ドイツの技術を打診するつもりだ、と鮎川は語った。

時期は年明けの三月頃で、確約したい方針も語った。その席には、四課長になって間もない片倉衷少佐も同席した。

その日の朝のことである。東京にいる弟石原六郎から副長室に「急電」が届いた。通信課員が届けた電報には、

「ハハタイチョウワルシ、チチ、オオケガシテキトク、ロクロウ」

とある。

石原は、昼食をとらず、司令室を出て官舎まで雪の中を歩いた。

手伝いの李蓮華がドアを開けた。

「錦ちゃん。今から、東京に行ってくれないか。女中さんと六郎では、手に負えないでいる。おやじが危篤だそうだ」

と言って、電報を見せた。

電報を読んだあと、錦子は、

「寒くなりましたからね。お年寄りにはきついでしょう。すぐに支度します」

と言って、李蓮華に、車を呼んでもらうように頼んだ。

錦子は、冬服の協和会服に着替え、マフラーを首に巻き、コートを羽織った。手荷物は着替えの下着と財布だけである。日常の生活費は月の初めに李夫婦に預けているので、錦子が留守中でも、夫の生活には支障はない。

軍人の妻は、いつでも移動できるように、身軽だった。着るものは一カ所にまとめておいたので、この日も、わずか十分後に、羅津行きの急行列車の時間に合わせたく家を出た。

羅津までは、夫の李仁が同行した。李仁は錦子を港で見送ると、その足で新京行きの列車に乗り、深夜に戻ってきた。

鎌子が出発したあとの次の日曜日は、奉天で協和会主催の会合があり、石原は山口重次奉天副市長の顔を立てるため、列車で出かけた。

山口は、満州国に治外法権制度が移ってから、日本人の犯罪を満州国人が裁くことで戸惑っている、と電話をしてきた。日本人が多い奉天市で、協和会員のために指導するので参加してほしいとの電話もあり、石原は昼間の会に出席した。

裁判は、日本人の犯罪は日系裁判員が、満系人の時は満系裁判員が裁くという方針であるが、徹底されていなかった。山口たち会員が、模擬裁判をやり、百人ほどの会員たちに理解させていた。

石原が傍聴者側の椅子にかけて拝見していると、山口が近づいてきた。そして石原に「何でもいいから、これからの満州について語ってほしい」と頼み込んだ。

しかし石原は、立ち上がると、

「只今の裁判のように、日系の裁判員が日本語で、満系、朝鮮系の裁判はそれぞれの民族の裁判員が中国語、朝鮮語で裁判するから、ご心配はいりません。満州国の法律を教えていくことですから、日系人も蒙古、満系の人も、満人だからといって重罪になることは絶対にございません」

と言ったあとで、

「実は、山口先生のご要望にお応えしたいのはやまやまですが、私は参謀長及び全参謀課員の前で、作戦以外のことには触れるな、という約束ですので、壇上に上がることはできません。このことが甘粕君の耳に入れば、すぐに参謀長の耳に届くわけです。従って、私は演壇に立つ身ではなく、傍聴人の一人として参加しているつもりですので、御理解下さい」

と弁解し、演壇に立つことを辞退した。

だが、その意味は、参加者には理解されなかった。石原に代わって、山口奉天副市長が、

「実のところ、東條参謀長のやっかみから起きたのです。あの人は作戦ができない参謀長で、内面指導に口出しするのが仕事の人です。ですが、石原副長は、協和会員がひとつになって昔の協和党の考えでこの満州国を再建してくれます。来年、また集まりましょう」

模擬裁判と講演会が終わったあと、石原は山口の家に入った。そこで、来年春にイタリア政府の使節団がきたあと、夏に満州国側からイタリア、ポーランド、ドイツへ使節団を送り出すことになり、すでに満州国団長を誰にするかで綱引きが始まっているのを聞かされた。

「それに、使節団員は、五族七人の方針を決めていて、白系露人を入れる入れないでもめております」

「それなら、白系ロシア人も加えるべきでしょうな。団長には、国を代表しますから、満州人がよろしいです。財務大臣の韓雲階がよろしいです。彼は建国当時、馬占山を説得して帰順させ、満州国建国の功労者です」

「国務院などは呂実業大臣を団長にすべきだという動きが出ています」

「ボクはその男、知らないね。少なくとも建国当時は、会っていない。ここは建国当時からの人がよろしい」

訪欧修交使節団は団長一人、副団長二人、団員十七名で、その他に通訳官など随員六名で構成された。

「甘粕が仕切ったんでしょう、甘粕と大連税関長の福本順三郎が副団長に内定だそうです。みんな、初の訪欧ですから、行きたくて、あの手この手で甘粕を口説いているようです」
「あいつも、困った男だな。ボクからも注文を付けておきます。実は父親が危篤で、鎊ちゃんに、先に戻ってもらったところです。ボクも出発の準備をしないといけなくなった」
「それは大変ですね」
「李君夫妻には助けられておりますよ」
「それは、何かと好都合でした。また近々、新京へ顔を出します」

4

正月を、石原は独りで、李夫妻の満州料理で迎えた。そのあとは、読書と論文執筆に当てた。司令部への初出勤は三日の朝で、この日も大雪になった。中庭にある李夫妻の家との間には木を組んで通路をつくっていたので、両家は自由に往来できた。しかし司令部には、雪の中を歩いた。

平時の満州は事件もなく、平和な正月だった。ただ前線のアムール河やウスリー河では凍結した河をソリやスキーで、双方のスパイたちが出入りしていた。

双方とも、この時期はスパイ合戦だった。もっとも情報戦のみで、前線での撃ち合いはなかった。

一月八日、朝九時は、日本時間の朝十時である。副長室に、弟六郎からの電報が届いた。

電文には、

「チチ、ケサシス、ロクロウ」とあった。

石原は、生まれて初めて肉親との哀しい別れに、思わず嗚咽してしまった。

父・啓介は安政四年一月、山形県鶴岡城下の北新屋敷で生まれ、明治十六年に山形県巡査になった。それ以後は県内の署詰めとして各地へ転勤を重ねた。石原が生まれた翌年の明治二十二年七月には、酒田警察署に転勤となるなど、一家はそのたびに引っ越した。石原が教育総監部に勤務していた頃、国分銻子と結婚して石原家を継ぐと、鶴岡から両親を呼び寄せて同居するようになる。

十年八月に参謀本部勤務となった時は、新宿の戸山が原に借家住まいし、そこで両親と弟、女中の六人生活が続いた。十二年十月に再び関東軍勤務となると、石原は両親と別居することになった。つい三ヵ月前が、最後の別れだった。本人の勤め、また息子莞爾の転勤で、転居生活の多い人生を過ごし、八十一歳の生涯を閉じた。

石原は中庭を見下ろしたあと、気を取り直した。電話機を取り上げて四課にかけた。

「辻。羽田入りの飛行機は飛んでいるか」

辻政信大尉は、

「昼の便が飛んでいます。どうかなされましたか」

と尋ねた。

「うん。けさ。その、おやじが、死んだとの電報が届いた。通夜に間に合わせたいのだ。何時かね」

「一時です」

「じゃ、羽田は夜九時だな。途中、京城で給油か。行ってくる」

「じゃ、席を予約しておきます」

「すまない」

「いえ。気をつけて下さい」

石原は、一度官舎に戻った。参謀服の上に黒の外套を着、トランクには喪服と白ワイシャツを詰め、李が呼んだ車で新京の飛行場へ急いだ。幸い、この二日間、雪は降らず、溶け出していた。滑走路は雪かきされ、飛行機が寒風を切って、離発着していた。

東京飛行場（羽田）行きの定期旅客機は、一度京城空港で給油し、乗客を乗せ、三十分後に離陸した。着いたのは偏西風のため一時間早めになった。

夜の東京は外灯のみがともり、暗い。

石原は、タクシーに乗り込むと、品川駅に出た。そこから山手線に乗り継ぎ、高田馬場で降り、戸塚三丁目の路地裏に近い細い道を歩き、借家に着いた。

石原家では、ちょうど質素な通夜が執り行なわれていた。玄関戸を引いて声をかけると末弟の六郎が顔を出した。六郎は東京帝大を出ても、まだ独身だった。

六郎の声に気付き、妻の銻子と、弟で海軍少佐の二郎夫婦、母親の鉦井《みね》が顔を出した。靴を脱ぎ、外套と帽子を左腕にかけると、石原はかつての応接間兼書斎室に入った。そこに小さな仏壇が置かれ、父啓介が眠っていた。

石原は、父の顔を見ると、長いこと無言のまま合掌した。そのうちに、両頬には大きな涙が伝わり、口元で広がった。

「間に合ってよかった、よかった」

それが、父親に語りかけた、最初の言葉だった。

廊下を隔てた居間には、親戚一同の者と、国柱会の若いグループの会である精華会会員十数名が、葬儀を手伝ってくれていた。

「手紙で知らせたように、二郎兄さんの大船の家からの帰りに、高田馬場駅前で車にぶつかってな。このところ、夜フラフラ出て歩くようになっていたんだ。心配でな」

末弟の六郎はそう言って、父親が痴呆症気味だったことを、泣きながら話した。

「お母さんも、だいぶ悪くなりやした」

石原は七十六歳になる母親をいたわった。鉦井は参謀服姿の息子を見て、

「こんな格好でな。けんど、お父さんは喜んだべさ」

と、声を落とした。

「もう、着替えもできんで、そのまま飛行機に乗ったでさ。悪く思わんでくんさい」

傍にいた二郎夫婦と六郎が、口元を押さえてくすくす含み笑った。どう見ても、山形弁は、日本の運命を決める参謀本部作戦部長だった兄・莞爾には似つかわしくなかったし、違和感があったからである。その兄が、

「それにしても、オヤジはいい時に亡くなりました。息子が、引っくくられるのを見ずに死んだのですから」

みんなを笑わせるつもりで言ったつもりだった。しかし受けなかった。誰一人、石原のジョ

ークは理解できず、笑う者はいなかった。

その夜は、父親の傍で添い寝した。

自宅での葬儀は、父親の宗教である浄土宗派で行なわれた。葬儀後の食事の席でのことである。左右にうなぎ膳が並べられるが、石原は膳の線を一直線にきちんと並べ直したあとで、お礼の挨拶を述べた。

食事後、葬儀に奉仕した精華会員たちの席に進み、頭を下げてお礼を言った。みんな初めて見る顔だった。

茶を飲みながら、石原は若者たちに言った。

「しかし、国柱会には、日蓮の徒はいませんな。大聖人は、畜生の心は弱気を脅し、強さを怒る、と仰られたが、今の日本は畜生そのものです。帰ってみたら支那事変に反対して牢屋に二、三百人投げ込まれているものとばかり思っていたが、一人もいない。国家諫暁《かんぎょう》する法華経信者はいないのかな」

特攻の耳もあることから、その程度の感想を暗示的に伝えたつもりだった。痛いところを突かれて、会員たちは目のやり場に困った。

しかし石原には、彼らの中から東亜連盟運動のリーダーが育ってくれそうに思えた。それだけが救いだった。

第10章 黄砂吹き荒れる

1

父の葬儀の終わった翌日、石原は参謀本部を訪ね、南京戦後の作戦と和睦の見通しを知りたくなり、多田駿次長室をノックした。

副官の永井が「おります」と言って、部屋に案内した。

長身の多田は、椅子を勧めた。以前よりも痩せて、気力がない。多田はソファーに座るなり、

「東條さんと仲が悪いそうじゃないか」

と、意味ありげに含み笑った。水と油、犬猿の仲を想像するまでもなかった。誰一人石原に寄りつく者はいないとの情報は、多田の耳にも入っていた。

「そんなことはありませんよ。うまくいっております。お互いの持ち場を理解しておりますから。誰がそんなことを」

石原は笑い返した。

「誰から、とは言わないが。会議の進行は参謀長が仕切るそうだね。これまでの慣例では副長

だったのに、副長は会議中であるにもかかわらず、いつも窓の外を見ている、との知らせだったぞ」

「それは最初の全体会議のことですよ。政治経済は、私の担当ではありませんから。空でも見て作戦のことを考えていたわけです」

「それで、鮎川とも会わなかったわけか。例の株式公開披露宴にも行かなかったし、鮎川がお礼に訪ねても会わなかったそうだな」

「私を呼びに来ましたが、担当外ですので、会ってはいけないことになっているよ、とは言えませんからね。それで、石原は只今おりませんよ、と礼を尽したつもりです」

「ははは。礼か。だいたい関東軍で線引きすること自体、大きな誤りだ。新たに四課をつくったのも。そこにあるのかな。参謀長直轄としたわけだ。東條も考えたね」

「彼のことはどうでもよろしいと思います。石原は前線をすべて見て回り、責任者とも会って話を聞いて参りました。すでに、関東軍からの要請が届いておられるはずですが、その後、何の返事もありません。石原は方面軍制を敷いて、少なくとも四軍、二十個師団の編成を十六年までに完成したいという趣旨のものです。その他四カ所に航空師団を置くことも提案しております。今年から豊万ダムも鴨緑江ダムも試運転の見通しで、電気は全満州に拡がります。

満州国の兵員は満州で賄えますので、あとは兵隊です、満軍は二個師団分はつくれますが、まだ時間が、かかります。航空機は、各種学校で養成し、あとは千五百馬力のエンジンを待つばかりです。これは併行ですね」

「海軍は、これで救われるな。けど、彼らは軍艦や艦乗機をつくると、使いたくなるから、要注意だぞ。遠くないうちに、彼らは英米に仕掛けるかもな。先ほどの軍制の件、誰か満州へ視察させるように下村君に伝えておく。それとも、君の方で顔を出してみるかい」

「いや。かつての部下に圧力をかけるようだから、遠慮します。時に、トラウトマンの和平工作はうまくいってないみたいですな。広田外相は、妙なことを言って、蔣介石を怒らせたのでしょうか」

　石原は、参謀本部が視察団を出す意向ありと読めたので、話題を日中和平工作に切り替えた。多田駿の参謀本部は、石原の考えと同じで、持久戦に終止符を打つことにしていた、
　ところが海軍と外務省は、南昌から重慶へと逃げた蔣介石の国民政府とは和平工作もできず、近衛首相までが、蔣介石との交渉を打ち切ろうとした。

　近衛は自分から意見を言わず、まず海軍の意見を聞き、海相の口から言わせるなど、ずるい癖がある。それに外務大臣が同調するため、参謀本部は孤立していた。

「海軍までが外相寄りだ。なにがなんでも和平に持ち込まないと、ますますドロ沼から足が抜けなくなる。海軍が引き起こした上海事件を、陸軍が被るというのは、この国に陸海を統帥する大本営がないからだ。服部君が立案してきたよ。一本化で行けそうだ」

「馬奈木（敬信中佐）は今どこにおりますか。彼はトラウトマンとはベルリンで親しかったから、本庄さんに手紙で和平工作を頼んでいたんですがね。しかし蔣介石が重慶に退いたんでは、和平工作は難航しますな」

「お互いに空爆戦が続いておるよ。ところで敵機は青い眼の操縦士ばかりという知らせだ。列強国を相手にすることになったな」

「どんな条件でもよろしいですよ。日本軍は時間をかけて、南京から撤退することです」

「しかし石原君、外務省と近衛首相は、汪兆銘の政府を南京につくろうとしている。そんなことで果たして、蒋介石は和平に応じると思うかね」

「それでは、この戦は長引き、疲弊してしまいますな。絶対に、蒋介石の条件を呑み、段階的に実行に移すことです。一気にやれないことぐらい、蒋介石も知っていますよ」

「参謀本部はあくまで和平工作交渉を貫くつもりだ」

しかし、一月十一日の御前会議で多田は和平交渉継続を主張したが、結論は十五日の閣議に持ち越された。この十五日の会議を時間切れと焦った近衛首相と風見章書記官長は、全閣僚の採決をとり、「国民政府を対手とせず」と、国交断絶の声明文を新聞に発表した。

結果的には多田と会った五日後に、日本国家の大失態ともいえる声明文発表になるとは知らず、石原は多田の部屋を出ると、作戦課に顔を出し、秩父宮殿下に挨拶しようと考え直した。

しかし帰国後の秩父宮は体調を崩され、休養していた。

突然、作戦課の部屋に入ってきた石原に気付いた者は、手を止めて立ち上がり、挙手した。余りの唐突な訪問に、みんな声を失っていた。

支那事変が南京戦にまで及び、北支と中支にまで戦火が拡がり、作戦課はベッドを持ち込んだままの状態が続いていた。石原に噛みつき、陸軍省の田中新一軍事課長と一緒に日中戦争を仕掛けて行った張本人の武藤章は中支那方面軍の副長として南京におり、残った作戦課員たちは疲弊しきった顔で石原に挨拶した。

それらの顔は、一人一人が、石原に助けを求めているようであった。しかし今の彼の立場では、関東軍以外の作戦には口を出す資格がない。ただ一人一人に「ご苦労。風邪を引くなよ」としか言えなかった。

本当は「蒋介石の和平条件を呑んで、一つ一つ詰めろ」と助言したかった。

和平工作は参謀本部を越えて、閣僚折衝に入っており、窓口は外務省に移っていた。頼みの綱は、閑院宮総長と多田次長、それに杉山陸相の英断にかかっていた。

石原は植田軍司令官の代理で閑院宮参謀総長と会い、建国大学の教授、学長の人選で相談した。この席には多田次長も同席するが、石原は学長に鐘紡の農政課長の池本喜三夫を、教授陣には京都帝大の筧克彦、作田荘一、西晋一郎をリストアップしていた。

人選については関東軍案が了解され、石原は参謀総長に池本を引き合わせるため、すぐに電報を打った。

「参謀長に御逢いの事、明日参謀本部で会見したし。御都合如何」との電文である。

池本は津田信吾社長に相談すると、津田は「ぼくのところにも総長から、君に会いたいと電報が届いている」と言って、上京を勧めた。

池本は翌朝、大阪から上京し、参謀本部次長室を訪ねてきた。石原とは初対面だった。

石原は席上、農業と農政、教育について矢継ぎ早に質問した。池本によると「正味七時間、質疑応答だった」とある。

最後に石原は池本に、

「これでようやく意見が一致しました。自分は今度関東軍と満州国の代表として、当方に満拓公社の総裁と全満州の大学総長になっていただきたいと思ってやってきた。総長の方は星野長官から強く勧められていて、お受けしていただきたい。お受けできたら、明日午前中参謀総長の閑院宮さまに、午後は秩父宮さまのところにお連れしたい」

と総長引き受けをお願いした。

しかし池本は、高熱の状態で上京し、長時間石原との対話が原因で喀血し、東京の病院に二ヵ月間入院した。

満州に帰る石原は、妻の銻子を東京に残し、しばらくの間、池本を看護させた。池本は三月上旬に回復して大阪へ戻り、鐘紡の仕事で渡満した。関東軍司令を訪ねて植田と石原に会い、満州の農政について進言して帰国する。しかし病弱な彼は、帰国後また入院した。その後、自宅で療養する。

それでも、石原は池本の起用を諦めなかった。

2

満州の冬は深い雪に覆われた。飛行機も列車も止まり、長い雪の冬に入った。新京駅前のロータリーから東へ伸びる三十間道路の大同街の歩道の雪は、関東軍の兵隊たちによって除雪された。

昼間、雪が止むと、北東の風になり、いくらか暖かくなった。

参謀婦人会の会は月二度、ヤマトホテルや新しく満州人が建てた国賓ホテルなどを使っていた。また哈爾濱ではヤマトホテルの迎賓室で、引き続き行なわれた。これも三月一杯、参謀機密費が使用できたので、多い月は四回も続いた。

東條勝子参謀長夫人は初めの頃は鎌子を誘ったが、二度目も断られると、それっきり誘わなくなった。

鎌子は満州人の大臣夫人たちとの会に一度だけ出かけたことがある。その時は、ヤマトホテルの和室で、茶会を催した。満人の婦人たちは興味なかったが、招待された立場上、茶をたてる作法や飲み方を教わっていた。

教える方は日本人で、日本の作法を親切に教えているはずだが、却ってそのことが苦痛に変わっていた。言葉が通じないこともその理由の一つだった。何よりも脚を折って正座する作法が、苦痛以外の何ものでもなかった。無理をしているな、と思った。

三月に入ると、雪の量も、降雪の日も少なくなった。新京はいつもなら三月二十日までは雪が降ったが、この年は十日頃には降雪も止み、陽射しの日が多くなった。

東京の参謀本部第二部の下村定部長から、「視察調査員を出す」との手紙が届くのは、三月十五日のことである。

冨永恭次は東京の高山信武大尉からの手紙を持って入ってきた。

「副長、これは昨年の暮れに申し込んでいた軍制の件ですか。今頃になんですかね」

「参謀本部は北支、南京戦で、調査員を満州に出す余裕も気力もないらしい。ようやく腰を上げてくれたか」

「誰か二人、案内役をと考えてますが」

「この前の二人なら、道も場所も覚えているから、どうだね」

「それがよろしいですね。さっそく、打ち合わせ会をやらせたいですが」

「明朝、各班長以上、集まってもらうか。二十個師団をぶつけておいたよ」

「私は、二人からアムール河の様子を聞きましたが、関東軍も軍艦を持つべきだと思います。アムール河もウスリーも国境の河ですから領海内が航行できます。松花江は、もっと必要になります。対ソ連戦艦のためにも、それぞれ五、六隻必要かと。鉄鋼材には不足しませんから、あとは造艦技術を手配するだけです」

「必要だな。そのことも提案しよう」

翌朝、十時、作戦部会議室に担当参謀が呼び集められた。各班長から視察箇所と作戦計画案を説明させ、冨永が取りまとめた。

案内役に高橋と矢原が指名された。

それから五日後のこと。参謀本部作戦課の高山信武大尉が新京に着いた。東京は桜の花が咲いて春だが、満州は雪に閉ざされていた。初めて満州にきた高山は、余りの寒さに身震いした。

着いたその日の夕方、作戦課の担当班長と高橋、矢原が同席した。石原は椅子に背もたれて、やり取りを見守った。

「明日から視察していただく。高橋と矢原は前回私に同行していたので、道を知っておられるから安心してくれ。今夜はホテルでゆっくり休んでくれ。冨永課長、これじゃ寒かろうから、マフラーや冬用の外套を貸してくれないか」

「のちほど、お立ち寄り下さい」

「分かりました。時に、後藤大尉は、おられますか」

と高山が石原に尋ねた。

「後藤の誰だ？」

「正威であります。陸大同期です」

「彼は二課員です。隣りの部屋です」

冨永が言った。石原は腕を組んだ。

「よし。国境視察の準備を頼む。飛行機及び飛行師団四個の場所も、案内してくれ。各師団に、参謀本部員の視察が入ると連絡してやれ。それともオレのように、抜き打ちで行くかね」

「それをやったら、いくつ首があっても足りません。生きて戻れないと思います。副長に、ひとつお伺いしておきたいのですが」

「うん。何なりと」

「ソ連軍に変化がありますか」

「そのことなら、問題外だな。戦車と自動車、飛行機が持ち込まれている。ウラジオストックでの積み下ろしも多い、と領事館からの報せだった。アメリカが援助しているから、最強の陸軍国になっている。近々、東と西が仕掛けてくると読んでいる。こっちの出方を窺う手だろう。こっちは挑発に乗らんことだ」

「アメリカまでがソ連軍を援助ですか。武器を売って、中立の顔をする奴らですね」

「そればかりか、昨年九月の中ソ相互援助の密約以来、ソ連は援支に回っている。現に戦闘機はソ連機で、パイロットもソ連兵だ。張家口辺りから飛ばしているのだろう。中ソ相互援助が結ばれてから内蒙古の満州国境近くに飛行場をつくり、東のウオロエロフ、北はアムール河の北部、そして西は内蒙古だ。完全包囲になるだろう。ロシア人という奴は、奪った土地は絶対に返さないぞ。その領土に住む人が独立しない限り取り戻せない、と思え。日本が日露戦で奪うまで、彼らは居座り続けた。対馬に居座っていた艦隊でさえ、出て行こうとしなかったように、一度居座ったらテコでも動かん連中だ。じっくり見てくれ。そして現地の声を聞いてくれ。高橋、矢原はメモが上手で、一字一句漏らさない才能の持ち主だから、その場で呟いても、メモしてくれるから、心強いぞ。うちの参謀長以上だ。それからな、予算のことは度外視して、どうすればソ連軍がネを上げるかまで、前線の声を聞いてやれ。帰ってきたら、感想を、オレと富永課長に語ってくれるとありがたい。薬というものがない所だから、常備薬を持参した方がよいぞ。気をつけてな」

「かしこまりました。なんだか、怖くなってきました」

「満州の前線は、もっと怖いぞ」

一同が爆笑した。

3

石原はその頃、すでに「対ソ国防建策案」に取り組んでいた。原案を推敲し、関東軍の用紙に書き写して多田駿参謀本部次長に届けるのは、三月下旬に池本喜三夫を大阪の自宅に病気見舞いに行く前日のことである。

石原は植田軍司令官代理として池本を見舞い、その足で京都大に行って大学教授二人を口説き、京都の舞鶴港から大連行きの貨客船に乗り込んでいる。

先に参謀本部を訪ね、原稿用紙二十枚に及ぶ「対ソ国防建策書」を手渡した。そこには現時点での対ソ連軍に備える満州の最少限度の大陸兵備計画が描かれている。以下がその要旨である。

一、国軍集中掩護のため関東軍は東満に十個師団、佳木斯に四個師団、黒河に三個師団、海拉爾の三個師団、合計二十個師団を最低限度の態勢にあるを要す。
二、大陸兵備は在満兵力を以て第一期作戦を遂行し得るを根本方針とするを要す。
三、今次参謀本部立案の満州十二個師団、朝鮮三個師団計十五個師団を以てしては沿海州方面、黒竜州方面、いずれかの一方に攻撃をとり得ない。
四、第一期作戦を前項の如く東方又は北方の一方面への攻撃に限定するのは余りに消極的。作戦目的は沿海州的主力の撃滅と特別極東軍とゴカイジ軍管区との中断の二つとなし、此両目的を同時に達成するを要す。
之がため、満鮮兵力を極東ソ連軍（イルークーツク以東）と少しも同等たらしめることを方針とすべし。即ち目下の敵に対し満州に十八個師団を配置せざるを得ない。

支那問題を根本的に解決して同地に予定せる十個師団を満州に転団し得る迄は、近衛師団以外の内地六個師団を満州に駐屯せしむべきなり。

ソ連が更に極東兵備を増加するに於ては、我また断固之に対抗、機を失することなく兵備の拡張を決行せざるべからず。此気力なくしては東洋の盟主たらんとするもあるに至りては、真に驚くの外なし。

この他石原は、ソ連軍が黒河方面に攻めてきた場合は、黒河、孫呉、珠河、佳木斯など在満洲軍八個師団の他に、朝鮮軍から二個師団を加えて会戦し、東満方面は四個師団で守備する。または、東満が攻められた場合には、満洲軍十一個師団に朝鮮から三個師団が応援に加わり、北満は黒河、孫呉、呼瑪などの六個師団で守備につくなど、あらゆる研究を準備することを要望している。

六項目では、会戦に備えて弾薬資材などを国境近くに集積し、そのためには間島（延吉）、牡丹江、三江、黒河諸省、黒竜江省北部の開発を急ぎ、現地物資の増加を図ること。

八項目では、北満の鉄道輸送の改善のため、北朝鮮の羅津港の繁栄、大小興安領の資源開発調査の実施を急ぐこと。

九項目では、重工業の発展による戦争資材の生産増加、中でもディーゼル自動車の大量製造、爆弾製造を満州大陸に主力を置く。

十項目では、航空作戦のため、北方面での飛行場の準備を。通信、気象、防空、工作など飛行機整備隊の常置、爆薬、油の地下格納。

全飛行隊を全飛行場で錬成、活用すると同時に、北部東朝鮮に有力な海軍飛行隊を設置する。

十一項目では支那事変費を活用して倉庫や飛行機、通信、要塞のための大予算を令達する。

そして十二項目では、関東軍司令部の簡易化を次のように進言している。

一、各部を縮小し、その業務を中間軍司令部に移す。二、教育、補給などに対する中央指導力の強化。三、満州国内面指導の縮小撤退。

最後に十三項目で、初めて、航空司令官の職権の大拡張に触れ、進言している。空軍省を持つことは石原の提案であり悲願であった。

4

春と言っても、満州の三月はまだ寒風が吹き、風が身にしみた。耳当てをしていないと、耳が切れるように痛い。

石原は雪が解け始めると、月刊誌『王道文化』を編集発行する杉浦晴男の会に顔を出した。新京大同大街を西に入った繁華街豊楽路にある大阪屋書店の二階が、国柱会の会合の場があった。

石原はこの夜も雪の中を協和会服に着替えて出かけた。三月の例会には、蒙古の奥地で国民学校の教師をしていた伊地知則彦が、わざわざ新京に来て例会に出席していた。伊地知は内蒙古民族と外蒙古民族の関係に悩み苦しんでいた。その答えを求めて、三月例会に初参加し、杉浦の演説を聞いている。

杉浦は「一人でもよいから、心から楽しむ気持ちで日蓮主義運動に入るように努力せねばならない。特に異民族に対して、この会に来ることを、楽しむような気持ちを起こさすべきだと思います。そのためには、余り最初から難しい議論やなんか言わぬがよいと思います」と口火を切った。

この時、伊地知は「今楽しみ得ると言われましたが、子供だましの感情ではありませんか。もっと問題は切実なものがあるのではありませんか。早い話が、八紘一宇の世界観ということについて、いったい在満の日本人はどれほど確信を持っているのですか。我々が今求めているのは一個の指導原理ではないのですか。日本人の人生観、国家観、世界観をはっきり教えてもらいたいのです」と質問した。

石原はこの時、初めて見る病弱な伊地知青年の質問をじっと聞いていた。余りにも真剣な質問に、石原は静かな口調で答えている。

「今、君が仰ることは、よく分かります。ただこれだけのことはよく知ってもらいたいと思います。私どもの民族協和運動は理論で割り出し、頭で考えてできることではないと思います。例えば、蒙古の奥地で言葉も分からない一人の坊さんが、何も言わずに、ただ一所懸命、太鼓を叩いている。するといつの間にか、その坊さんの後ろから、異民族の民衆がついて行く。そんな姿をあなたは見たことあるでしょう。私どもの協和運動も、いわばそんなものではないだろうか。知らず知らずの間に、黙っていても人々が自然とついてくると思います。今晩の会合で一番感謝しているのは、この席にたった一人の朝鮮人の信者の方がお見えになっているということです。私はただ、仏さまの予言と日蓮上人の霊を信じているのです……。仏さまの予言は、今まで全部的中してきました。何一つとして外れたことはありませんでした。しかるに今の世の中は、仏さまの予言の通りに進んでいるでしょうか。みなさん、反省してみて下さい。

民族協和が本当に立派に満州国の中にできるかどうか。仏さまの最後の予言は真実か嘘か。もしこの満州国で立派に民族協和ができるならば、今度も仏さまの予言が的中するのです。しかし今の満州国の様子では、ひょっとすると仏さまの予言は嘘だったことになりませんか。仏さまの予言が真実であることを私は信じます。だがしかし、今の世の中の様子を見ると、私は心配でなりません」

そしてこうも言って会員たちを励ました。

「今からの世の中は直感によって物事を判断する時代です。マルクスの如き弁証的な物事の考え方、理論探求はもう古い時代の考えです。しかし、このことは科学を無視するということではありません。無論これからの日蓮主義は、科学の力で、ある程度まで、あまねくの人々に説明して行かなければなりません」

この会は国柱会の会合なので、東条英機や参謀たちには、とやかく文句のつけようがなかった。しかしながら、片倉の第四課は、こうした会合にも、耳を澄ましていた。そのため、国柱会の会員は、毎回場所を変えざるを得なくなる。

伊地知は毎週、蒙古から新京に出て、石原の官舎を訪ね、民族協和、予言について話を聞くが、石原は、自分の予言ではなく、仏様の予言だと言って説諭している。ある日、傍にいた杉浦は、「石原が何か重大な問題についてことを決せられる時は、必ず法華経には何と示されているか、どのように行動せよ、とも示されているかと、尋ねている」と石原に代わって伊地知に答えている。

この夜以来、伊地知は蒙古に帰り、教育の傍ら、民族協和運動に専念していく。また国柱会の人たちには、「三年以内に、満州国の内面指導に当たっていた関東軍第四課は廃止される」と予言して安心させている。

5

四月に入ると、雪解けは早く来た。珍しく暖かい春になった。時々、満州特有の黄砂が襲った。

満州では、四月にイタリアからのファシスト親善使節団が来満することを控え、特に新京と奉天、安東はその準備で賑わった。予定では奉天着が二十五日昼頃で、夕方に新京着である。

満州国とイタリアの貿易が盛んになると、十一年にイタリア政府は奉天に領事館を置き、親善関係を持った。十一年十一月二十九日には「満州帝国を正式に承認する」と、奉天領事館を通じて通告し、まもなく領事館は、国を代表する公使館に昇格した。

この日から両国は互いに公使館を置き、満州国の駐イタリア公使館の初代公使には徐紹卿を任命し、国交を深めた。イタリア政府は、ムッソリーニに代わってバウリッチを使節団長に、張景恵総理への国書を携行させて送り出した。朝鮮経由で安東に入り、奉天には四月二十五日の午後、特別列車で到着する。

新京大同大街は、満州国をヨーロッパ諸国の中で最初に承認したイタリア使節団を快く迎えようと、街路には五色の国旗とイタリア国旗が翻った。甘粕協和会総務部長の演出だった。

そうした最中、石原は建国大学の教授スタッフと初代総長選びで奔走した。四月に入って、石原は飛行機で大阪に出た。植田軍司令の代理で、大阪に本社がある鐘紡の津田信吾社長と会い、農政学の第一人者である鐘紡の池本課長を貰い受けるためだった。が、池本は、「教授になってもよいが、総長は辞退する」と言って断られた。

石原も東條も、農政学者を建国大学の総長に持ってくることで一致していた。満州には開拓団が入植しているが、予科三年、本科（政治、経済、文教）三年の学制を通じて基本にあるのは、満州の大地を農業国として開拓することにあった。特に予科の三年間は、農業経営と語学に充てる教育方針である。

他にも農政学者に当たって口説いたが、満州という寒い大地に住むことに、家族が反対するという理由で、断られた。結局、石原の総長捜しは失敗に終わった。

彼はこの時ほど、失望したことはなかった。満州国を、内地の学者たちは低く見ていて、満州の大地を大きく育てようという情熱も勇気も持ち合わせないことを思い知る。

「そういうものかな――」珍しく溜息を吐いた。

しかし時間はなかった。四月中旬には合格者が発表され、二十五日に合格者百五十名の一期生が入寮し、五月二日に入学式が準備されていた。

彼は、余りの失望と落胆から、新京行きの飛行機に乗る前に買うつもりでいた錦子への土産品さえ忘れていた。宇治茶のことである。

大阪伊丹空港から京城経由で新京に着いた石原は、司令部に入り、東條参謀長に経過を報告した。すると東條は、

「残念だね、副長。時間もないから、ここは張総理を総長にする他ないな」と笑顔になった。

「まったく、内地の学者は、腰抜けばかりだ」

「我こそは大地に――という志の人が、いないということですよ。オレも副長も星野君も、余りにも、のめり込んでしまったのかな、つくづく思うね」

東條は、この日、珍しく優しかった。

この頃から、近衛首相の周辺では陸相更迭の動きが出ていた。引責人事である。陸相更迭は次官更迭をも意味する。

有力候補は板垣征四郎第五師団長だった。杉山元陸相は日支事変と南京事変という中国との戦に深入りし、和睦の見通しも立たず、杉山自身も気力を失っていた。

陸相更迭で注目されたのが次官候補である。板垣陸相なら当然のことのように、石原莞爾の次官就任が有力視された。しかし少将で次官になった例は過去にない。他に師団長経験者か、方面軍参謀長まで候補に挙がった。

だが梅津美治郎次官は東條と密かに連絡を取り合い、石原次官誕生を警戒し始めていた。急に、石原に対して東條が優しくなったのは、潜行している陸軍次官人事に由来する。

6

陸軍次官候補のことをまったく知らされていなかった石原は、東條に報告したその足で、真っ直ぐ、家路についた。歩道を渡ろうとすると、目の前を国務院の若い日系役人を乗せた黒い専用車が走り去った。

四月一日からの新予算で、日系人と満系人の給料が、石原の進言で同一化され、日系人に海外手当てが倍近くつくという給与体系になって間もない。それでも若い日系人は役所の車で通勤していた。名目上は「身の安全のため」となっているが、その理由が、石原は気に食わなかった。

石原が馬で通勤するのは、暖かくなった四月中旬からである。馬は中庭にある馬小屋につなぎ、そこから歩いて司令部に入った。課長の四人と班長の六人も馬で通勤していた。ただし雨の日は車を呼んだ。

東條参謀長と別れて官舎に戻った時は手ぶらだった石原は、けさの一番機で大阪から帰ってきた実感がない。家の中に入って、鎓子の顔を見た瞬間に、土産品のことを思い出し、その場で詫びる始末である。

石原家は、馬小屋が内庭の方に建てられてから、賑わった。李夫妻が、料理を手伝ったり、風呂を沸かしたりして、明るさを取り戻した。意気消沈の石原は、この李夫妻には心が癒された。

李蓮華と鎓子は台所の間で食事つくりに取り掛かっていた。二人の弾んだ声が聞こえてきた。李も日本語が上手になっていて、

「おくさん、卵です。四つありました」

と鎓子に話しかけている。

「あら、よかったわ。新京も暖かくなったから、鶏も卵を産んでくれるのね」

「はい。これから、たくさん産んでくれますよ」

「今夜はこれで、卵の厚焼きを教えるわね」

「はい。教えて下さい」

「まず、四つの卵を割ってかき混ぜて、砂糖、お塩を、ちょっと入れて、またかき混ぜるのよ。

そして油をひいたフライパンの上に先ず半分だけ入れ、二、三分後に半熟のまま、向こうからこうやって、返して巻き、それを今度は向こうに押して、残りの卵をまた入れて……」

石原は、風呂場に行き、水をかぶり、愛用のドテラに着替えて応接間に入った。

「ああ、久しぶりに、錦ちゃんの料理の匂いがする」

石原は、居間を通りがかった時に二人に声をかけた。

「さっき、裏庭で鶏が卵産んでいたのを、李さんが、持って来て下さったんです。これで厚焼きをつくっています」

「ほう。それはうれしいな。卵の厚焼きとは、久しぶりだな」

「李さんにも、持って行ってもらいます」

「それは喜ぶぞ」

李蓮華は、夫婦で食べる分を小皿に移してもらい、裏の勝手口から家の方へ帰って行った。

二人で厚焼き卵と野菜炒めをおかずに、夕食をとっていた時、石原はもう一度、大阪で宇治茶を買えなかったと詫びた。罪滅ぼしの意味もあって、

「次の日曜日に、一緒に樋口の所に行きませんかと」と持ちかけた。

すると錦子は、エッとした顔をして、

「ハルピンですか？　一度行ってみたかったんです。婦人会の会がハルピンのホテルで行なわれるからと誘われたんですけど、その時は丁重に辞退して、ちょっとがっかりしていたんですよ」と言った。

「そういえば、こっちにきて、まだ新京以外の所に行ったことがなかったからね」

「どんな街ですか」

「うん。旧ロシア人の都だから、満洲で一番賑やかだな。列車が東西南北から入り、船も松花江を上り下りするから、各国の人が出入りしている。今も白系ロシア人が多いね。ロシア共産党に追い出された人たちだから、今でもスターリンを憎んでいる。満州最大の都だな。百貨店もありますよ」

「大連よりもですか」

「勿論。世界中のものが売られている。見るだけでも楽しい街です。ロシア料理・満州料理、何でもあるからね」

「あら、行きたいです」

鍗子は珍しく、子供のように喜んだ。

7

次の日曜日は朝から晴れて暖かかった。

石原は緑色の協和会服に黒の山高帽子をかぶった。鍗子は冬着地の和服姿に白足袋、新京の日本人の店で買った茶色の草履を履き、肩には縮れ面のショールをかけた。それが鍗子にできた最高の晴れ姿だった。

昼前とあって、哈爾濱の駅前は、人力車やタクシーの往来で賑わっていた。新京と違って白系ロシア人が多い。日本人はあまり見かけなかった。二人は左手の方に回り、横断歩道を渡って広い歩道に出た。新京駅前の大同大街は三十間道路が続くが、哈爾濱の駅前は、ロータリーを過ぎると二百メートル前方に第二師団司令部が入っている建物に突き当たる。ヤマトホテルはその左手の中央に当たり、その先が特務機関の建物である。

長身の着物姿の鎌子は、ここでは珍しく、行き交う白系ロシア人夫婦や満人たちの眼を引いた。立ち止まっては振り向いた。「ホオウー」という声が聞こえてきた。しかし二人は歓喜の声に気付きながらも、聞こえないふりをして歩道を歩いた。

石原はまず樋口に挨拶をしておこうと、ヤマトホテルの前を通り抜けて特務機関が入っている建物に入った。

守衛が建物の玄関の方に歩いて用件を伝えて引き返してきた。重い金属製の門が開き、二人は中に入った。顔なじみの副官が玄関先に現れて挨拶した。

「少将は、只今外出中ですけど、入りませんか」

「特別な要件はないのだが、家内を紹介しようと思ってね。何か変わったことが起きたのかな」

「いいえ。参謀長に呼ばれまして、師団の方へ参りました」

「ほう。参謀長が来ていたのか。よろしく伝えてくれ。では、これで失礼する」

夫が踵を返すと同時に、鎌子は深々と頭を下げて「家内でございます。失礼いたしました」と挨拶した。

二人は、歩道に出ると右へ歩いた。ひとつ角の向こうがヤマトホテルである。四階建ての石造りの白い建物で、南向きの狭い玄関になっている。寒い国特有の幅一間の玄関である。

一階の広いホールには壁寄りにいくつものソファーがある。中央にはテーブルを囲んだソファーのコーナーが四セットあった。吹き抜けの天井で、人の声は天井に吸い上げられるのか、静かなものだった。

大ホールの向こうがレストランで、案内役の日本人のボーイが二人立っていた。

新京のヤマトホテルと違い、軍人はいなかった。背広姿の商社員や、内地からきた社長風の男たち、それに白系ロシア人の家族もいる。

石原は、先ほどから、日本人たちの冷ややかな視線を感じていた。当時、軍人は女房を連れてホテルで食事する光景はなかったからだろう。しかし石原は、それらの視線を無視し、注文を取りに来た日本人のボーイに、

「それじゃ、鋕ちゃんに、変わった料理を、お詫びの印に、ビーフストロガノフを二つ。食後に紅茶とケーキ。二人前」

と言って注文した。

ボーイが立ち去るのを見計らっていた鋕子が、

「それはどんな料理ですか」

と尋ねた。

「昔、ベルリンで初めて食べた料理でね。スパイスのないライスカレーのようなものだ」

「父がベルリンにいた頃、なかったようですわよ」

「明治時代はなかったかもね。フランス料理だから、フランス人が広めたんでしょう」

「男の人は、世界のあちこちに行けてよろしいですわね。この前、参謀長夫人が見えられて、

軍からの予算がなくなったから、満州国政府のご婦人方との会食ができなくなったと言ってましたけど、こういう食事会をしていたんですね」

するると、石原の顔が急に硬くなった。

「ほう。みなさん、お手当てが充分な方々ばかりだから、自分のお金でやれるはずだがね。誘われたんですか」

と鎌子を気遣った。

「はい。日本から歌舞伎座の一行が来るというので。勿論、都合が悪いので、とお断りしました。片倉さんの奥さんもご一緒でした」

「事情を知っているはずなのに、わざわざ誘いに来たわけか」

石原はこの時、四月に入ってからも、参謀婦人会が続いているのを知って、少々不快になった。すぐに鎌子への罪滅ぼしの旅行を大事にして、楽しく演じた。

「このホテルは満鉄が経営しているから、コックは日本人とロシア人。味は保証しますぞ」

「新京より、おいしいですか」

「勿論、料理は哈爾濱に限るさ」

大きな皿に盛られた料理が運ばれてきた。銀のフォークとスプーンが白いナプキンに包まれ、白いクロスのテーブルに置かれた。

「さあ、食べましょう」

二人は、ここでも食べる前に合掌した。石原はスプーンでコメの上にビーフのシチューをかけ、それをすくって口の中に入れた。

夫のあとで、錦子も、スプーンですくって口の中に入れ、二、三秒間眼を閉じ、それから噛み、呑み込んだ。

「おいしい」と声を出した。

ほぼ半分ほど食べた頃である。憲兵が二人入室してきた。そして奥のテーブルに一人で食事をしていた背広姿の日本人風の若い男を連行して行った。石原は思わず、

「ああ、びっくりした。ボクをしょっ引きにきたかと思ったよ」

胸をさすっておどけた。

「まあ、人聞きの悪い。みんな、こっちを見ていますよ」

「気付かれたか。止むを得ん。食べるだけ食べることにしましょう。時間もあることだし」

「そうですね」

二人は、気を取り直した。

窓の外は歩道である。

昼時で、食材や弁当を売る店主や売り子たちが店を出し、行き交う人たちに声をかけている。

石原は、「この街は、元気な街だな。戦になっても、この街だけは無傷のままにしておきたいものだな」と思った。

第11章

満州建国大学

1

五月になっても、新京は黄砂が吹き荒れた。

建設中の建国大学を見てくれ、というので、辻政信の顔を立てるため、石原は車で出かけた。この日も黄砂が舞った。

平屋の石造りの校舎は、廊下伝いに弓状の寮がつながっている。広いグランドに、武道館もある。敷地の隣りは農場で、新京市内寄りに教授たちの官舎があった。総面積は六十五万坪。

入学を控えただけの教室には、まだ電気配線がない。

「しばらくは電灯なしでやります」

と辻は自信ありげだった。

帰りの車中で辻は、

「中山優、藤田先生も教授を引き受けて下さいました」

と報告した。

「中山さんが引き受けたか」

石原は、これで何とかなるな、と肩の荷が下りた気持ちになった。

「しかし、胡適教授、北京大の鮑明鈐《パオミンチン》も蘇益信教授も、寺内司令官が、北京で反日運動を指導していた、との理由で、建国大学教授招聘に反対する、と言ってきました。東條参謀長も、困っております」

辻は、教授招聘の報告の途中、石原が「なにっ！」と怒らせることも報告した。それは朝鮮で三・一独立運動家の崔南善教授を、朝鮮総督の南次郎大将が反対してきたことである。

崔は十三歳の時、東京府立一中に官費留学した秀才で、のちに朝鮮人差別に憤慨して帰ってしまい、朝鮮独立運動家となった。石原は崔に会って教授になってくれるように頼んでいたのである。ところが南次郎の横やりが入り、実現しなかった。それでも石原は司令部に戻ると南次郎に直接電話で掛け合った。

「あなたは民族協和を唱えた軍司令官ではなかったですか。あれは本心ではなかったのですか。崔教授はこちらでもらいますから口を出さないで下さい！」と言って、ねじ込んだ。

こうして、石原は寺内北支方面軍司令官や朝鮮総督に電話で抗議した。その結果、崔南善と蘇益信の二人を教授に迎えることになる。この他にドイツ語の第一人者戸張竹風、中国政界に知己の多い元朝日新聞記者の中山優、農学者の藤田松二も教授に迎えた。

アジア一の国際大学を夢に見た石原は、思い通りにいかないまでも、新京駅から南へ十キロ先の、歓喜嶺の六十五万坪の広大な荒野に、学舎と寮その他の施設を完備できることで、妥協した。

歓喜嶺の荒野は、草木一本もなく、殺風景なものだった。しかし辻政信は、開校前から校庭の真ん中に、満州国の五色の国旗を立てた。石原の指示で日本国旗は立てなかった。

「辻。なんとか胡適博士を口説き、総長にもってくることだ。寺内のバカ大将が何を言おうとも、満洲は満州だ。独立国家だ。口を出させるな。満州国が繁栄することが、日本のためにもなるし、蒋介石のためにもなる。今の蒋介石も何応欽も、毛沢東や周恩来というスターリンの狗《いぬ》に取り囲まれて、辛い思いをしている。彼らを助けることが、日中戦争を解決することになる。このまま、戦争が長引いて得をする奴は、中立国というツラをしたアメリカとソ連、ヒットラーだ。奴らは武器を売り込み、顧問団を送り込んで蒋介石を支援して大儲けしている。奴らは戦争屋だ。ソ連としては、満洲や中国各地に、日本の戦力が分散することを図っている。分散すれば戦力は弱り疲弊する。そこを狙ってくる。何とかして、蒋介石が信頼する学者を、建国大学に呼ぶことだ。オレは何応欽を学長にしたいくらいだ。かえすがえすも、船が遅れて胡適博士に会えなかったことが後悔される」

「石原さんが言われたように、学生には食事は三食、たっぷりと用意しました。五円の小遣銭も準備できました」

「うん。中には両親に仕送りする学生もいるだろうから、自由に使わせろ。牛乳や農作物や野菜は自給自足し、余ったら新京の市場で売るのもよいぞ」

「実は一つ、耳に入れておきたいことがありますが」と言った時だった。石原は不吉なものを予感し、辻の横顔を振り向いた。

「何だ？」

「韓雲階がテロに狙われているそうです」

「なに！　理由は何だ」

「馬占山の生き残りがこの満州にいて、板垣さんにゴマをすって新京市長になり、昨年は財務大臣になって課税が酷だ。韓が使節団になるのはけしからんということです」

「それなら尚のこと、韓を団長にして満州を留守にさせる方がいい。オレからも片倉に話しておく」

「助かります」

2

司令部に戻ると、石原はすぐに片倉を呼んで、韓雲階を使節団長にするように説得した。片倉も、満州事変当初からの当事者であることを理由に、同意した。

テロの件についても、片倉は「馬占山分子の生き残りが、財務大臣の韓から資金を断られたことが原因のようです」と伝えた。

「使節団長は満州国の張総理の代行者だ。手は出せまい。万一手を出すと、軍と警察の手入れを受けることになる。話は違うが、参謀婦人会は続いているそうだな。相当オレの悪口を言ってるだろうな。君の奥さんも出かけているんだろう？」

「お伴をしている状態と聞いています」

「大変だね。時に君からも、胡適を口説いてくれないか。星野君は満拓公社社長に池本さんを口説いたが、なにせ病気でね。津田社長も閑院宮参謀総長も野本さんを口説いたが、辞退されたよ。星野長官もがっかりしているだろうな」

「辻大尉とも話したのですが、石原さんが初代総長に適任との結論です」

「オレがかい？　軍人はいつ、どこで死ぬ身か分からないんだぞ。それに異動もあるし。それならば浅原健三だ。彼は発案者の一人だ。今どこにいるかね。上海に行ったきり連絡がとれないな」

「小澤開作も北京に引っ越すそうです」

「小澤も山口も、現在の協和会に不満だらけだからね。このままでは、満州人から背を向けられかねないぞ。聞いているだろうが、満系の役人の間では、満州はあと十年ももたない、と噂されているようだね」

「きつく、注意しておきます」

大男の片倉は、怒った顔になった。

「欧州使節団が帰国するのは七月と聞くが、その後の協和会の組織を、全員満州人に入れ替えることだな。まず橋本本部長、甘粕君を外し、支部長は全員、満州人でやることだ。それができなければ、満州人の間から不満が出てくるぞ。殺人犯が満州協和会の総務部長として満州人を牛耳ること自体が問題だ。君がもし、逆の立場だったらどうするかね。やはり不愉快だろう？」

「しかし彼らには、指導者がいません。何もしないと同然です。石原さんは白を黒というようなもので、まったく理解できません。私はこれで失礼します」

「おい片倉。関東軍は協和会に関与すべきではないと言っとるのだ。建国当時の協和会員にまかせろ。協和会員たちは山口を本部長にしようとしているのに、それを関東軍が横やりを入れて、老いぼれの退役軍人を本部長に据えている。上から下まで軍人ではないか。満州人や民間人を追い出し、仕事を奪っとる。星野の奴は百坪の長官室で机に足を投げ出して満州系役人に命令しているそうではないか」

「副長、その件は私も耳にしております。確認しましたところ、偶然だった、と言っておられました」

「二度目も偶然ということかい。いいかい片倉。あの于冲漢先生が死ぬ前にオレに何と言ったと思うか。あなたは、関東州というちっぽけな土地をくれて、全満州を手に入れた、商売上手ですね、だ。オレたちはあの時、そんな気持ちで満州国をつくった覚えはないぞ。それが五年経ってみろ。日本からきた役人が法律をつくり、実権を握り、殺人者の甘粕が全満州人のリーダーになっている。満系人は、いつ自分が殺されるかとビクビクしとるぞ」

「しかし山口氏は、今の協和会には受け入れられません。協和会と満州国政府との摩擦を増やすだけです。私は賛成できません」

「橋トラ如き退役軍人を張総理の下につけるのはよせ、と言っとるのだ」

「副長殿の言うことは、赤を白に、黄色を青にと鮮明に着色しています。それ自体はいいと思いますが、そのような高等数学では実行する者がついていけませんよ。やはり赤から桃色、桃色から薄桃色、そして白というように、色を随時変えていく方法でないと、今日の満州問題は、目的を果たすことはできなくなります」

「おい、片倉。お前までが参謀長の言いなりになり下がっているぞ。いいか。満州人たちは、このところ黙り込んでいると思わないか。陰でお前のことを、何と言っとると思うか。関東軍のことを、お城と言っとるのだぞ。お前までが東條参謀長に飼いならされてどうするのだ。第四課長にしてもらって恩を感じてるというのなら、大きな間違いだよ。お前も軍閥の一人ということになる。お前こそが満州を再建できる人物ではないか。参謀長が関東軍からいなくなったらどうするかね。次の参謀長は、まったく反対のことをやりかねないぞ。お前自身が、五族協和、王道楽土を築かないといかんだろう。

今の満州は四方から包囲され、内蒙古はソ連軍の基地になり、いつソ連機が砂漠の向こうから襲撃してくるか分からない状態がくる。そういう状況下で、日本人である関東軍に、満州人は進んで協力してくれると思うかね」

「分かりました。私はここで失礼します」

片倉は、立て続けに言われ、耐え切れずにその場を去った。

石原は、頼みとした片倉までが、ついに東條の言いなりになっている姿を見て、満州の再建は無理だな、と失望した。

四課長という肩書をもらった片倉は、彼の手元から離れていた。石原は、空しくなった。このまま、植民地化されていくのかと思うと、満州人と日本人の間を埋めることのできない溝が、次第に深くなっていくように思えてならなかった。

3

満州国軍顧問の大迫通貞大佐が司令部の石原を訪ねてきたのは、参謀本部の高山信武大尉が国境視察から戻り、報告会を開いた日の夕方である。

大迫は、延吉に陸軍士官学校を建て、満洲の青年たちを入学させる構想を持ってきた。軍官学校の他に、日本式の士官学校をつくり、各連隊に入隊させながら教育していく構想である。

石原は直ちに実行するように、国務院に働きかけた。

教官は軍顧問が担当し、二年後には優秀な人材を日本の士官学校に留学させるという構想もある。

費用は関東軍と満州政府が半々を負担するということで決定するが、この構想を持ち込んだ夜、大迫は石原の家に泊まった。その夜のこと。大迫は意外なことを石原に伝えた。

「この頃、日系の新官僚たちが、軍内部の茶坊主どもと組んであなたを中傷しているようだ」

「原因は分かっているよ。ボクがタクシーや役所の車で通勤せず、歩けと言ったからだろう。満系の役人たちは歩かせて、三十そこいらの日系役人が威張りくさって、公用車で出勤するとは何様だと、国務院に怒鳴り込んだからだ。

月給を同額にしろ、と言ったのも、皇帝に指摘されたからではない。治外法権が撤廃されて以来、同じ満州国の役人で、同じ身分にもかかわらず、格差をつけるのはおかしくないかと言ったのだよ。ここは五族協和でつくり上げた満州国であって、植民地ではないと。

すると、高い給料を払わないと内地からいい人材が集まらないというから、そんな日系役人を採用するのが間違っていると。だから、日系役人には、給料は満系人も同額とし、外地手当てをその倍の分出す、ということで納得してもらったよ。結果的には三分の一程の月給が減ったことになったが、満系人も、それで納得してくれた次第だ。それに、国務院の八割は日系人だ。これで満州系の人が不満に思わないわけがない、とも進言しておいた」

「しかし、満州国になり、役人から軍人、商売人と、満州人は就労の場を得て、生活は安定している。その次は地位を求めてくるだろうな。その時が試練だ」

大迫は、そこまで言ってから、話題を変えた。いつかは知らせておきたい事項だったからである。彼はグラスを置くと、石原の顔をじっと見て言った。

「ぼくの所にね、憲兵の上前をハネた情報が入ってくるんだ。それは、東條が、あなたの手紙を憲兵に開けさせ、事前に見ている、と言うんだよ。確かな情報だぞ」

石原は、一瞬背筋が凍るのを感じた。それから悲しい顔になり、天井を見上げた。

「そうか。どうも近頃、重要な内地からの手紙がいつも遅れてくる。変だ、変だと思った。一月に多田次長に会った時も、お前に手紙で知らせたが、何の返事もない、と言われてね。先月もそうだ。本庄さんからの手紙が遅れて届いた。頼みごとがあったのだが、遂に期限切れだ。間に合わなかったよ」

「卑劣な人だね、彼は。そういえば、東條は東京にたびたび出かけているようだね」

「聞いている。人事のことだろう。しかし満州国建設は難しいね。満州人でこの国を守ってもらおうと思っても、なかなかだね」

「あなたも辛いね」

「いいさ。関東軍をやめて、君らと共に、満軍の顧問になって、満州国からがっぽり予算をとり、それで行こうかとも思う。陸軍省の阿南に、辞表を送りつけるか」

「そんなことしたら、中共とソ連が喜ぶだけだよ。どっと攻め込まれますぞ」

「いや。直接、彼に送り、満軍の顧問を志願するとの内容をつけるのよ」

「そりゃ大変だ。大騒ぎになるぞ。それに手紙は向こうの憲兵隊にも読まれることだし、事前に、東條の所に伝わる」

「それとも、満州陸軍士官学校の校長になっていいぞ」

「それはいい。けど、建国大学の総長にしようという話も聞いたぞ。なんでも、辻大尉が言いふらしているそうですな」

「司令官と参謀長とも話して、張総理で決着ついたところだ」

辻と片倉の二人は、石原の顔写真を新聞紙大に焼き延ばして準備していた。張総理は名前だけで。石原が承諾してくれれば、その線で行こうと図り、東條参謀長に相談している。ところが東條は、軍司令官に、軍司令官は参謀本部の多田次長に相談する。という返事だったが、その後、いい返事はもらえなかった。多田からの手紙はどこかで止まったままになっていたのである。

4

大迫は一泊すると、翌朝、李蓮華のつくった親子丼を食べ、延吉へ帰った。石原は、大迫を新京駅で見送った。

大同大街の大通りは、大同公園まで五色の旗とイタリアの国旗が飾られ、イタリア使節団の歓迎ムードで賑わっていた。しかし歩道を歩く満州人たちは誰一人関心がないようで、無表情である。

大迫が帰った二日後の二十五日の夕方、朝鮮経由でイタリア使節団の十六名が新京駅に着いた。新京駅には満州国政府高官や協和会の幹部が出迎えた。彼らは協和会服礼装に黄色い細紐を束ねた房を胸につけている。使節団の一行はヤマトホテルに宿泊し、翌正午、皇帝溥儀と接見した。その日は午後三時から大同広場の特設会場で使節団歓迎国民大会が開催された。

満州国側の国務総理兼協和会会長の張景恵をはじめ、政府高官、協和会役員、文武官の他、関東軍からは第四課長の片倉ら政治参謀たちが席に着いた。軍楽隊は両国の国歌を演奏した。その音は、関東軍司令部にまで聞こえてきた。

一行はその日吉林市に行き、市内と東洋一の豊万ダムとハルピンを見物し、一泊したあと五月四日奉天に入った。さらに山海関経由で北支に入り、五月九日、大連港からイタリアへ帰った。

関東軍は片倉の四課のみが関与し、他の部署は干渉せず、見物もしなければ、話題にもならなかった。ことに満系の役人たちは、事情も分からず、ただ振り回されていたにすぎなかった。

イタリア使節団が新京発の列車で吉林市に入った二日後の四月二十九日、新京一帯は春の大嵐に襲われた。この日は昭和天皇誕生日の天長節である。

朝のうちは風もなく、満州の空は雲一つない、澄み切った青空が広がった。関東軍司令部も国務院その他各官庁や学校でも、満州の国旗が高々と掲げて祝った。

ところが午後になって、突然、黄砂を巻き上げて蒙古嵐が満州全土を襲った。四月下旬から五月にかけて毎年襲われるので、満州人は「蒙古嵐」と恐れ、家の戸を硬く閉めて、過ぎ去るのをじっと待った。

黄砂混じりの突風は風速五〇メートルで、街路樹が強風に倒れ、人も歩けず、しばらくしゃがみ込んで何かにつかまって耐える他なかった。乗用車は突風に倒され、横転した。新京の街は一瞬黄色い街になり、何も見えなくなった。

その蒙古嵐は、ようやく二時間後に去り、再び青空が戻ったが、家の中は砂で真っ白になった。

あちこちで家のガラス窓が割れた。街では樹木が倒れ、破片が散らばった。荷馬車が倒れた時に起きたのだろう、馬も横倒しになっていた。満州人たちは嵐の後片付けに入ったが、それでも完全に片付くまでには三日ほどかかった。

五月二日は石原が参謀本部課長時代に関東軍参謀の辻政信に指示して建設させた建国大学の入学式である。空は雲一つなく、晴天に恵まれた。満州の大地に、ようやく野の花が色づき始めた。

この日は満州国王の溥儀を初め、初代総長の張恵景総理、星野直樹国務長官ら政府要人や関東軍からは植田、東條、石原、それに創設委員の辻や三品隆参謀が出席した。

まだ講堂は完成されていなく、教室で行なわれた。正門を入った真正面に養正堂という講堂が着工中で、その奥に前期食堂がある。この大食堂の建設を半円形で取り囲むように、左右に塾舎三棟ずつ合計六つの寮が並んでいた。各寮にはロッカールームが備えられ、トイレは水洗式だった。

入学式当日、張総理の挨拶のあと、副総長の作田荘一は京都大学教授を兼任していたが、新入生に「満州には十六の大学が創設されたが、建大は道義国家を築くための人材養成の大学。真理を探究し、満州の実像を世界に示せ」と語った。

第一期生は日本の各地で面接して採用された日系人六十五名の他に、満州各地で採用された満州人五十九名、朝鮮人十一名、蒙古人七名、台湾人三名、白系ロシア人五名、合計百五十名である。言葉もそれぞれ違っていた。

教授陣は、昭和十二年二月の建国大学設立構想の時は、ガンジー、パール・バック、オーエン・ラティモア、トロッキー、胡適、周作人、崔南喜の外国人の他に、日本人では京都大教授の作田荘一、同じく鹿児島高農から京都大農学部に入り、昭和十年まで宮城県の農学校教師の藤田松二、鐘紡の農政学者で課長をしている池本喜三夫、東亜同文書院卒業生で朝日新聞記者となり、のちに第一次近衛内閣の外務省嘱託でブレーンの一人であった中山優、ドイツ語の戸張竹風、九大教授の鹿子木員信など、アジア文化が教育の根底になっていた。

取り敢えず教職員には張恵景総理兼協和会会長を総長に、京都大経済学教授の作田荘一が副総長に就任した。中国人教授は北京大教授の鮑明鈴、蘇益信、周作人、朝鮮人教授は崔南喜、「辛亥革命講話」の中山優、奉天農科大学長の宇田一教授、退役軍人で石原に見込まれて学監と生徒指導官になった辻権作少佐もいる。辻権作は佐賀県出身で、二等兵として日露戦争と第一次上海事変にも従軍し、昭和八年に少将となり、予備役のままでいた退役陸軍少将である。

石原はその人柄を見込んで満州に呼び、建大生の指導者にした。

満州には、満州医科大学（奉天）など十六の専門大学が創設されていた。官僚養成の大同学院、満州工科大学もある。しかし道義国家を築くための人材養成の総合大学はなかった。石原は不十分ながら、作田荘一教授を中心に、中国、朝鮮、日本人教授で出発できたことを、心の中で喜んだ。

5

建国大学入学式が行なわれた同じ日の五月二日、参謀本部第一部付の秩父宮が、御附武官の小池龍二、山口貞男の二人を伴って大本営特別機で南京を起点に中国視察に出発した。

この計画は極秘中の極秘だったが、南京飛行場に着いてから、関東軍第二課が知るところとなる。ついでに満州も視察予定に入っていた。

植田軍司令官は課長以上を集めて、満州視察の予定を調べさせ、歓迎の準備に入った。

石原は直接に天津の方面軍司令部に問い合わせ、北京入りの日程を確認した。新京に戻った東條も、慌てて参謀長室に各課長を呼び集めて、満州視察のスケジュールを検討させた。

秩父宮が南京に着いたのは二日後の五月四日で、北支那派遣軍の五個師団と中支那派遣軍の二個師団が徐州作戦に入った日である。徐州作戦は四月七日、五十万の中国兵を包囲するため大本営が作戦を命令していた。

しかし中国軍は黄河の堤防八ヵ所を決壊して逃げた。十九日に占領した時には中国兵は一人もいなく、黄河と揚子江の間の湿地帯は水浸しとなり、七十万の中国人の罹災者を出した。日本軍の徐州大包囲作戦は軍事目的を果たせずに失敗に終わっていた。

その後、日本軍は漢口作戦に出るなど、中国の奥地へ奥地へと攻めていき、戦力が分散していった。

石原は、日中戦を和平に持ち込まなければ戦力が分散して日本軍は全滅し、満州も朝鮮も台湾も失うことになり、それを止めるには昭和天皇の弟君、秩父宮しかいないと思い、最後の手段を考えたのである。

そこで彼は、秩父宮を乗せた特別機が北京空港に入る日を辻から知らされると、上司の東條参謀長には相談することなく、独断で奉天経由の列車に乗り込み、北京に入った。

秩父宮は南京から内蒙古経由で北京の駐屯司令部を視察し、そのあとで満州視察に入る予定だった。石原は特別機が南苑の北京空港に着陸する前日に、ひと足先に北京入りした。

空は澄み切っていた。空港には詰所の小屋があるだけで、辺り一面、平原が広がっている。イタリアから輸入したカブロニＣＡ・３１０の双発の飛行機が滑走路に降りてくるのを見ていた石原は、詰所から飛び出し、特別機が詰所の小屋に近づいてくるのを、彼は立ち止って見守り、手を振った。

機体が静止し、ドアが開き、タラップが降ろされた。御附武官の山口が警戒して先に姿を現し、周囲を見渡した。彼は一度タラップの横に立ち止まり、護衛した。そのあと、丸い眼鏡をかけ、参謀服姿の、長身の秩父宮が姿を現した。

「殿下、お疲れ様です！」

石原はタラップに近づき、大声で挨拶した。イギリス国王ジョージ六世の戴冠式に、天皇の名代で出席するため横浜港からニューヨーク経由で出かけるのを見送って以来の再会だった。出発の前夜、上司である石原と、部付大尉の秩父宮の二人は、ホテルで夕食を共にした。その席で「ヨーロッパの航空機を視察してくる狙いもあるからね」と、秩父宮は石原に胸中を打ち明けている。

誰よりも航空機に詳しかった秩父宮は、自から操縦桿を握られた。その秩父宮とは、一年二ヵ月ぶりの再会である。

「いや、石原副長。しばらくでした。お迎えをいただき、恐縮です。体調に、お変わりないですか。あなたが、ご苦労なさっている話は、お聞きしていますよ」

秩父宮は、疲れた様子もなく、白い歯で笑みを浮かべた。

「お蔭さまで、ご覧のように、元気です。給油の間、こちらでひと休みいたしませんか」

石原は詰所の部屋に案内した。そこには賓客用の控室がある。石原は自らドアを開け、秩父宮を案内した。

先に、和平工作に触れたのは、秩父宮の方だった。

「私は、多田次長に、和平の成否こそが国家の将来に及ぼす影響が大きいので、陛下の清らかなお心を鏡に映して、その、御判決をお願いすべきではないか。陸軍は何から何まで、自分たちに都合のいいことばかりしていて、その上で天皇に、まるで据え膳を捧げるような方法をとっているが、これは間違っているよ、と説いたのです。天皇の前では、異なる意見を戦わして、その上で陛下の御見解によって決すればよいではないか。次長は、陛下にその御裁決を求めようということは、一切の責任を陛下に負わせる態度であり、輔弼の責任を放棄する違憲の行為であると言ってね、私の意見には――」

　と言って、秩父宮は青白い顔を伏せた。

　石原は一月十六日の「国民政府を対手とせず」発言以降、秩父宮がその後も和平工作を働きかけていたことを知り、「ここは秩父宮しか日本を救う道はない」と意を固くした。

　ふと秩父宮は、内大臣秘書官長の木戸幸一を表町御殿の自宅に呼んで「なぜ政府は、一刻も早くこの戦争を止めないのか。一体日本の戦力はいつまで続くと思っているのか」と問い詰めたことが思い出されて、石原に言った。

「木戸はね、今は日本が戦勝国だから、日本が弱味を見せる必要はない、と近衛政府を弁解するような発言でした。私は言ったのです。とにかく政府は無能ではないかと」

　しばらく経ってからである。石原は秩父宮の眼が涙で光っているのに気付いた。

「殿下。この戦は、即時兵を納めて、中国本土から撤退すべきです。駐屯軍を残す必要ある所は、せいぜい北京と日本企業のある青島くらいです。今、中止しなければ、日本軍は長期戦の泥沼に入って、抜き差しならぬことになります。中国本土の占領などは、些かの利益もなく、日中両国間の溝を深め、米ソ両国に漁夫の利と侵略主義の口実を与えるのみで、日本の国力を消耗するだけです。こんな戦いを続けていけば、日本はやがて米ソ両国から徹底的に叩かれる時がきます。満洲も朝鮮も台湾も、北方領土も何かも失うことになります」

「私もそう思います。早く和平に持ち込みませんといけません。まだ諦めてはいけませんね」

　二人が話しているうちに、給油が終わったとの知らせが入った。石原も特別機に乗り込み、新京空港へ案内した。

特別機は途中、山海関上空から奉天上空に向かい、鉄道に沿って北へ飛行を続けた。わずか二時間の飛行である。機内では、石原が窓外に見える奉天、四平街、新京周辺を説明した。日本人の手で新しい街並をつくった新京上空にくると、秩父宮は身を乗り出し、

「広い通りだね。東京よりもいい。あれが建大かね」

と、郊外の広い敷地の大学を指した。上空から見る広い農耕地の片隅に、東西に向かって細長く校舎と寮が大地にへばりついている。

校内の所で五色旗が風に揺れていた。

間もなく新京空港に着陸した。軍用機を格納庫に入れ、秩父宮一行を出迎えた。

植田と東條の他各課長、それに秩父宮とは陸大同期の辻政信が出迎えた。と、彼らは、秩父宮のあとにタラップを降りてきた石原に気付き、一瞬、声を呑み込んだ。辻政信だけが、とぼけた顔をして挙手した。

自己紹介のあと、一行は三台の車で関東軍司令部へ入った。軍司令官室の応接間に通された時、副官の山口貞男が満州の視察予定を伝えた。

宿はヤマトホテルのスイートルームをとり、翌朝、辻政信が同乗して、哈爾濱上空から黒河に向かった。左に大興安領を見、上空からアムール河に沿って東に飛行した。国境の河の向こうに、いくつも基地の街がある。蛇行するアムール河にはソ連船が航行していた。

辻が、松花江に沿って南へ行きますか、と提案すると、秩父宮は「いや、東安に行ってくれないか。国境沿いに豆満江に出よう」と予定を変更した。

辻は、ソ連機を刺激させまいと、なるだけ国境線から離れて飛行した。高度二千メートル上

空を旋回しながら日本軍の基地上空を飛び、機内から双眼鏡でソ連領土を見ていた時である。

「──海が見える。あれはウラジオストックかね」と辻に尋ねた。辻も、初めて見る港である。地形からして、ウラジオストックだった。

秩父宮の一行がソ満国境を視察飛行していた朝、司令部の石原の部屋にいきなり東條がノックなしで入室した。課長がいる前で、

「副長、殿下を北京に迎える際、なぜ私にひとこと言ってくれなかったのだね」

と甲高い声で怒鳴って睨みつけた。

石原は怒られるのは覚悟していた。

「作戦は、私の担当です」

と切り返した。

「それは分かっている。けれど、私もご一緒して新京にご案内したかったものでね。お分かりでしょうが、これは戦線離脱ですぞ」

「参謀長は国務院にお出かけされて、ご多忙との配慮からです。それに南京、内蒙古の視察結果は、関東軍の作戦上、知る必要があります。これは作戦事項です」

「うむ。ま、今後は、ひと声かけて下さい」

不服そうな顔で、東條は部屋を出て行った。

「戦線離脱か──」

石原の頭の中は、それどころではない。弟宮から兄宮の天皇に直接「和平工作と中国から山海関まで撤退、と進言してもらい、日中戦を早く解決する裁可をもらう」最後の手段を考えて

いた。それ以外に、陸軍大臣と次官、参謀次長が号令をかけ、前線の兵を救う道はないからだった。

第12章

東條の陰謀

1

秩父宮を乗せた双発の特別機は、アムール河沿いにハバロフスク対岸へ出た。さらにウスリー河に沿って南下し、秩父宮は豆満江まで視察した。そのあと朝鮮国境沿いの安東に出る。そこから翼を返し、奉天上空を飛び、内蒙古との国境に沿って満州里まで視察して新京に帰った。三時間の長い飛行だった。

その夜は陸大同期生の会がヤマトホテルで開催され、出席する。翌朝は車で新京市街から吉林に向かい、豊万ダムを見学し、哈爾濱の旧ロシア街を車で走った。

石原が殿下の部屋に呼ばれ、二人で日本の将来について語り合ったのはその夜のことである。石原は一度官舎に帰り、協和会服に着替えて、歩いて出かけている。

秩父宮は、二人の副官に同乗してもらうと、疲れた表情も見せずに、

「辻大尉は相変わらず元気だね。同期生の中では堀場についで元気だ。彼からもお聞きしましたが、植民地化された満州国は、問題ですね。陛下も望んでおられません。どうなの」

と、視察の感想を語り、協和会について質した。

「この四月から、日系人、満系人の給料格差の修正に入ります。問題は協和会です。私は参謀長から、政治、経済には触れるな、と言われておりまして、そちらの方は何もできません。協和会には本部ができまして、軍人が上から下まで占めております。張総理はお飾りの会長です。協和会事務局長も総務部長もすべて日本人です。日本人が仕切ることに大反対してきたのですが、私のいないところで決定されましまして、まさに植民地政策です。共和国を夢見たのですが、石原は力尽きました。残念でなりません。無念です」

石原は弱々しく首を振った。すると秩父宮は、石原を慰めるように、

「そう、気を落とさないで下さい。あなたがつくった国ですよ」

と言った。

「残念ながら、この満州にも、石原の居場所はありません。満州国は終わりです。間違いなく、アメリカ、イギリス、ソ連とも戦になり、四島だけの島国になります。石原はこの際、軍人を辞めようと考えております」

「戦にならせないため、この満州がありますね。あなたが今辞めたら、ソ連の思うツボではないですか、石原が辞めたとなったら、ソ連もアメリカも大喜びですよ。それではいけないでしょう」

「しかし、支那の前線で戦う兵隊たちが、かわいそうです。奥へ奥へと引きずられ、日本には何の利益にもなりません。早く、撤退させることです。南京も上海も徐州からも撤退し、和睦することです。陛下の決断しかありません。これしか、日本を救える道はないのです。宮様か

ら陛下にお伝え願いたいのです」

秩父宮は石原の手を取った。二人とも心は泣いていた。秩父宮も、石原の変わり果てた姿に、思わずもらい泣きした。

「上京の折は、表町御殿を訪ねて下さいよ。航空産業を育てましょう」

二人は、恥も外聞もなく、御附武官の前で、手を取り合って泣いてしまった。

翌朝も、暖かい南風が吹き、晴天に恵まれた。

新京空港には、四人の師団長、副長、師団参謀が見送りにきた。司令部からは植田軍司令官、石原副長及び高級参謀、それに辻参謀も見送りにきた。東條は陸軍人事工作のため、急遽、梅津次官に呼ばれて飛行機で東京へ発ち、見送りには間に合わなかった。

見送りにきた一行は、イタリア製カブロニＣＡ３１０機の特別機の前で記念写真に納まる。秩父宮は中央の椅子に腰かけ、向かって右側に各師団長、左側に関東軍参謀が並んだ。

特別機は、新京を出発し、そのまま給油もせずに羽田に直行する。石原は、特別機の機影が消えるまで、しばらくの間、滑走路に立って見送った。彼は、秩父宮が陸軍の航空機開発を天皇に伝え、また参謀総長に進言されることを祈願していた。

東條英機関東軍参謀長が、梅津美治郎陸軍次官に呼び出されて東京へ発ったのは、秩父宮一行が東京へ帰る前日である。彼は軍の人事異動を嗅ぎつけて、上京した。

阿南人事局長は七名の師団長に陸相を打診していた。六月一日付の陸相交代、次官人事に備えた。総合判断の上、板垣征四郎第五師団長（広島）の陸相就任が有力で、東條の陸軍次官説も出てきた。のちに「幻の杉山陸相・東條次官」が誕生するが、これには秘話がある。それは板垣が大臣就任後の人事となると、石原の次官起用が確実視されるので、板垣が北支から帰国する前に、杉山陸相、梅津次官の間で先権事項として決定し、板垣・石原の満州組コンビを排除する狙いがあった。

陸軍の人事権は大臣にあるが、東條は寝技を使って現大臣の次官になり、板垣が上京して杉山と引継ぎをやる前に、首脳人事を内定していた。その一つが関東軍参謀長の後任人事である。

東條は満州に明るい副長の石原ではなく、東條と同期の磯谷廉介第十師団長を六月十八日付で内定した。満州改革をやろうとする石原を封殺するためだった。いかにも、石原にとっては、降格人事である。

石原は梅津・東條によって次官からも外され、関東軍参謀長への昇格も見送られた。しかし東條が満州を去ってから磯谷が就任してくる七月までの約一ヵ月間は、石原が参謀長を代行したので、この間、石原は未定だったヨーロッパ使節団の団長を韓雲階とするよう、甘粕と国務院の張総理に働きかけ、決定させた。これは石原参謀長代行の英断であった。一つには、韓雲階がこのまま満州にいては、哈爾濱に潜む東北抗日義勇軍一派の刺客に命を狙われるとの情報が入っていたからである。その事情を張総理と甘粕に知らせ、韓の命を救うよう命じ、韓を団長としてヨーロッパ使節に出した。

「それにしてもあの三人は」

と石原は、杉山・梅津・東條による電撃人事に、してやられたと悔やんだ。板垣征四郎は、北支からすぐに上京できず、引継ぎもあって、三日遅れて参内した。その間に、杉山陸相、東條次官の暫定就任が三日間あった。その間に板垣が手を付けられぬように、首脳人事を決定していた。通常は陸相が新次官と人事局長と三人で首脳人事を決定する。だが今回は異例の人事で、関東軍の植田軍司令官自身も、磯谷本人も唖然とした。

板垣陸相内定を知らされた時、石原は事情を知らぬある者から「よかったですね」と声をかけられたが、その時、石原は、

「遅い！　何がよいものか」

と怒って、憮然とした。

板垣の陸相候補は、昭和十二年三月の就任内定が第一回目だった。林銑十郎内閣では、ほぼ決定済みだったが、梅津ら同じ中将らが「まだ中将になった新参者だ」と反対したために、寺内寿一前陸相に切り捨てられている。

二度目は盧溝橋事件直後である。杉山に代わって、中国首脳に顔が広い板垣を起用し、蔣介石の教官を務めた磯谷廉介を特務機関長にして、蔣介石ら国民党首脳と和平交渉に当たらせて解決しようと動いた。

しかしこの時も、陸軍大臣経験者の反対に合って板垣案は潰された。ようやくにして今回が三度目の正直となった。だが残念ながら、日中戦争は漢口にまで奥深く入り、もはや板垣も磯谷も、蔣介石と会って和平工作の糸口を探る機会はなく、すべてが手遅れになる。そのこともあって、石原は「遅い！」と怒鳴ったのである。

すでに、何もかもが後手後手だった。ここに至っては打開策などない。いくら武力に優れているとはいえ、今の中国はソ連もアメリカもイギリスも、まして防共協定を結んでいるヒットラーのドイツまでが武器を援助している。表向きは蔣介石だが、実態はソ連、アメリカ、イギ

リスなど列強との戦いで、蔣介石には決定権はないに等しかった。

2

石原に、次官就任の打診が東京の阿南人事局長から伝えられたのは、建国大学創立講演の夕方だった。阿南から直接自宅にかかってきた。

「お前の参謀長昇格を、東條中将が猛反対でな」と言って、陸軍トップ人事の鍔迫《つばぜ》り合いの様子を伝えてきた。

石原は「引き受けるよ。次官になったら、満州以外の全中国から日本軍を撤退させて、蔣介石と和睦の手を打つ。オレから出かけて行くよ。阿南さん、あなたがこっちの参謀長になってくれんか。これが条件だけど」と言った。

「そうか。約束する」

石原はその時、本庄繁大将を協和会会長に、阿南を関東軍参謀長に、田中新一を副長に起用し、北支、南京の方面軍司令官を入れ替え、和睦人事を思いついた。蔣介石と親しい磯谷第十師団長を南京の司令官に起用して、年内に撤退交渉に当たらせる。満州は阿南と田中が協和会を支援し、満州人の敵、甘粕を外す考えである。

石原の満州人への愛情は、日本の陸軍士官学校に留学している満州国生徒への講演にも表れている。五月十日、東京の満州国留学生会館での石原の講演に読み取れる。

「東洋人はあらゆる意味において西洋人に劣るものではない。今日のような状況になったのは、最近二、三百年のことである。英人はその世界政策に基づいて、まずインドにきて、仏人と争ってこれを奪い、勢いに乗じて極東まで来た。

まず支那にきてインドに産する阿片を売りつけてこれを搾取した。第一の被害者は支那であった。英国人ほど漢民族に対して残酷だった民族は世界にない。阿片戦争はこれに対する漢民族の反発であるが、長髪賊の乱、即ち太平天国の乱がこれにこんがらかったのである。（中略）

長髪賊の乱に当たり、英国は初め賊を助けたのであるが、阿片を禁ずるのは長髪賊の必然的傾向である。阿片を禁ぜられると英国の損害となるから、戦半ばにして、英国は清朝を捨て、ゴルトン将軍らが現れて長髪賊と戦ったのである。（中略）

日本は国を売ってまで外国の力を借りようとはしなかった。私は、今の支那がソビエトや英国と結ぶことを悪く言うつもりはない。しかし百年前の経験により、これは充分注意してかかるべきものだと思う。諸君は、日支の場合をよく比較して研究せられたい。現在の日本は決して充分良い国ではない。明治以来、西洋の文化を取り入れたが、まだ充分には消化されていない。明治の維新によって飛躍すべきにかかわらず、充分になっていない。日本の悪いところを挙げればいくらもある。しかし諸君は、日本の悪いところをいうよりも、まず日本の良いところを見てほしい。（中略）

満州は昔は蒙古人、満人それから朝鮮人の土地であり、最近は支那人が入った。日本は満州を西洋の手から護ることにより、東洋侵略を防いだのである。かくて満州は日支の共同領地であり、また諸民族の共同の財産である。満州において諸民族は合理的に協同しなければなら ない。このことによって東亜を真に平和にできる。

建国大学に今度、北京から二名の教授が参加し、満州の道義的建設に協力してくれることになった。これは日満支不可分でいくということが支那人にも分かったので、理論的には大なる飛躍である。満州は良くないところもあるが、着々と進歩している。(中略)」

そして最後にこう言って励ました。

「男が大きなことを成す時は、必ず困難が付きまとう。両方より本当に信頼される諸君の力と精神で、自らの運命を開拓しなければならぬ。今日の如き大きな転換期に起きてくる憐れむべき人間の迷妄を呑み込んで、五年、十年後のホントの勝利をつくらせよ。諸君の場合は本当の勝利とは、諸君の力で、真の満州国軍を建設することである」

その二日後の十二日、石原は協和会東京事務局主催の会に招かれ、ここでも講演した。当時協和会東京事務局は市谷にあった。この席に満州国駐日大使や改造社の山本実彦社長も出席して挨拶した。

石原は冒頭から「日本ほど軍事学研究のない国はない」と、けなし、北支事変後の派兵問題では「私は事件が始まった時、これは戦を止める方がよいと言った。やるならば国家の全力を挙げて持久戦の準備を万端怠りなくやるべきものだと思った」「石原が作戦部長だから石原の作戦だとか、参謀長の作戦だとかいうことはありません。これは全部聖断によって決定しているのです。私は率直にいえば、政治家が、ほら南京を取れ、漢口を取れなどということは、政治家の無能をごまかしていくところのモルヒネ注射であります。そして不自然な興奮を国民に与える。であるから絶えず気勢が浮動しております」

と当時を振り返って話す。

満州問題については、

「歪曲されつつあるところの満州建国の精神を、もう一遍七年前に還す、本当の協和精神を完成して理想主義満州の再建に努力する、これが私たち満州にいる者の、この戦争に対する覚悟です」「満州は日本人と支那人の夫婦養子の国です。本家同士が喧嘩している。ところが亭主が南京を取ったからめでたい、というので、変な顔をして小学生などは旗行列をしている。

しかし満州人は優しい人間なものだから黙っている。この場合、周りの気持ちを察してやって、今は本家同士が喧嘩をしているが、これは本当に仲良くなる基礎にしようではないか、と言って着物の一枚でも買ってやるというのが、私は満州の行き方でなければならないと思う」

そして日本人が満州国の民心を失っている原因を

「日本のインテリ失業のストックが充満していることが、満州北支の全部に民心を失っている根本。満州など、官吏の古手が飯を食いに行くためにわずか一万の者が、三千万人の民心を失っている。これは何といっても日本の教育が悪い。官吏になって飯を食っていくという考えを清算すること、それに対する組織、これが昭和維新の最も重要なことだと思う。それが実現しないと、満州は絶対にうまくいかないと思う」

これは、東京に誕生した協和会東京支部会員たちへの講演内容の一部である。

当時はまだ「東亜連盟」という言葉も組織もなかった。

東亜連盟と協和会の関係は、アジアの東亜連盟運動を拡げる上で満州や東京の協和会が支援していく組織にある。従って東亜連盟運動は終戦まで東南アジアにも支部が置かれ拡がっていった。

石原が東亜連盟という組織用語を使ったのは、同じく五月にまとめた満州国及び参謀本部に進言した「現在に於ける我が国防」の中にある。この論文は、最終戦争論の一つである日米戦を予言した国策と国防がテーマになっている。第一部が国策で、第二部が国防である。

この中で「国防とは、国策の防衛なり」と定義している。その国策とは「人類最後の大闘諍《とうそう》たるべき太平洋を中心とする世界戦大戦の勃発を遠からざるべきことを予期し、次の二項を中核」とするとした。
①東亜連盟の結成。
②世界最優秀なる航空機の製作を挙げる。
東亜連盟とは、西洋の覇道主義と違って王道を団結原理とし、日・満両国が一徳一心、国防と経済が共通し、それでいて、政治は独立するという同盟国家に近い。

満州国の政治は、日・支が提携の契りを交わし、対ソ国防に当たる。それには民族で協和し、資源を開発し、民心を安定させ、昭和維新の先駆けとなり、教育革新を徹底し、官治を制限して自治の範囲を拡げ、政治を独立されるものとある。

この国策を防衛するため、東亜連盟の結成を妨害する外力、例えばソ連の陸上武力か、英米の海上武力に対して共同で当たる。

「対ソ国防」に当たっては、まず満州国の位置が、ソ連の侵略の最重要路にあり、極東ソ連への圧力は、蒙古、新疆を防衛することになるとして、ソ連の極東兵力（バイカル湖以東）と、少なくとも同等の兵力を、満州と朝鮮に保有せねばならない。

そのためには満軍を増強し、満州人自らで防衛する方向に持っていく。それには満州政府の政治的判断が必要で、以下の五項目を担任する必要がある。
イ、満州国軍の意識を高揚させ、逐次国民皆兵にもっていく。
ロ、ソ連軍の空爆に備え、防空設備と訓練を。
ハ、満州国の治安を維持し、防諜に努める。
ニ、日満の自給自足経済は共存共栄の役割になる。
ホ、満州国は対極東ソ連への防衛としての大陸作戦のための給養補給を担任する。
つまり、石原の国防国策は、人類最後の世界大戦を予想して、アジア各国が、政治を独立させ、経済発展して対ソ連、アメリカ、イギリスなど列強国に同盟で向き合う、東亜連盟であった。

3

五月は建大の入学式及び秩父宮の渡満などで、石原は多忙だった。それでも彼は「現在に於ける我が国防」の他に、昭和四年に起案した『戦争史大観』を、新京の自宅で訂正して完成させた。酒を呑まない石原は、軍司令部及び各省の大臣や政府要人の間では、怖い存在だけで、胸襟を開いて談笑することはしなかった。
当の本人は、夜は官舎に戻り、書斎室で軍略及び満州国再建の研究に没頭した。その最大の研究論文が、のちの軍人のバイブルとなる『戦争史大観』である。

内容は「戦争の進化は人類一般文化の発達と歩調を一《いつ》にする」で始まる緒論から、戦争指導要領の変化、会戦指導方針の変化、戦闘方法の進歩、戦争参加、兵力の増加と国軍の編成、将来戦争の予想、それに「現在に於ける我が国防」が追加される。附録として「近世戦争の進化景況一覧表」がある。

この中で石原は、将来戦争を「欧州大戦後、西洋文明の中心は米国に移る。ついで来たるべき戦争は日本を中心とするものにして、真の世界戦争、人類最後の大戦争なるべし」と予想している。のちに昭和十六年、独ソ戦に続いて十二月八日、大東亜戦争の真珠湾奇襲に突入した。日本は二十年八月十五日まで三年と六ヵ月近い持久戦となるが、石原の予言通りになった。

石原が満州国の再建に苦悩している時、妻の錦子も苦しんでいた。錦子は満州人街を李夫妻と歩いて買い物に日々を過ごしていたが、ある夜のこと、思いもせぬ出来事が起きていた。

石原が夕方、官舎に馬で戻った夜のことである。玄関前に、一台の黒い車が停車していて、騒然としている。石原が馬から降りると、使用人の李が泣きながら走り寄ってきた。

「何があったのだ。泣いていては分からないぞ」

石原は李に馬の手綱を渡した。しかし李は泣くばかり、訊いても首を横に振り続けた。

異常に気付いた石原は、とっさに家の中に飛び込んだ。そこには日本人の医者がいて、石原に気付くと、

「幸い急所を外れていました。応急処置をしましたので、明日、私どもの病院に入院させて下さい」と言った。

「一体これは。どうしたことだ？」

石原は寝室のベッドで眠っている鎌子のそばに歩み寄った。

鎌子は眼を閉じたまま、意識を失った状態である。睡眠薬の注射が効いて、よく眠っていた。

ふと、石原は、原因に気付いた。

「そうか。鎌ちゃん、ごめんな。苦しんでいたんだな」

居間に引き返した時、李が『満州時報』に朱ペンキで書いた脅迫文を見せた。そこには「コクゾク、ニッポンニカエレ」とある。

また別の新聞には、「マンシュウコクノ敵、日蓮は敵」とある。

五月十九日付の新聞にも似たような脅迫文が乱暴に書かれていた。多分に、満州浪人の嫌がらせと思われた。

「動揺したのでしょう。骨に突き刺さって、心臓には達しておりませんでした。静かに眠らせております。明日、私どもの病院に連れてきて下さい。私はこれで」

医者は、そう言って名前を告げ、車で帰った。石原は玄関の外で車を見送ったあと、部屋に戻った。

食堂のテーブルには、鎌子がつくった夕食が用意されていた。上に青いクロスをかけていて、主人の帰りを待っていた。石原はそのクロスをそっと摘み上げた。石原は思わず、「あっ！」と声を呑んだ。そこには、平皿に、ビーフストロガノフとスプーンがある。

「いつからだろう。ちっともそんな様子を見せなかったのに――、鎌ちゃんは独りで苦しんでいたんだな。李君――」

石原は玄関脇の椅子に腰かけて泣いている李夫妻に声をかけた。すると李蓮華が泣きながら、

「はい。ご主人が日本に行ってました時にも、見知らぬ満州人が来て、何か早口で言って帰りました。その前には、参謀のご婦人たちも見えました。大声で何か言って帰りました。日本人の支那服を着た男二人も見えました。拳銃を向けて、怒って帰りました、です……」

李蓮華は右の方を指さした。

「そうか。やはり、そうだったか」

石原は、無念そうに眼を閉じた。

「奥さん、ずっと、苦しんで、苦しんで。でも、隠していました」

夫婦揃って、大きい声で泣き崩れた。

二人が泣き疲れた頃、石原は声をかけた。

「もう泣かなくていい。お蔭で命には別状はないそうだ。あなたたちも家に帰っていいぞ。そうだ。これを二人で食べてくれ」

石原は、銻子が自分用に料理したビーフストロガノフの半分を別の皿に移し、残り皿に陶器の皿を一枚逆さにして蓋にし、それを風呂敷で包み、李蓮華に手渡した。

蓮華は眼を見開いて驚き、受け取った。そして「謝々」と声に出して喜んだ。

夫の李仁は玄関の外に繋いでいた馬の手綱を取った。二人は通りから裏の方へ歩いて行った。

ふと、石原は夜空を見上げた。いつの間にか外は暗く、夜空には星が輝いている。満州の星は大きい。それらの星が、いつもより大きく見えた。今にも降ってくるようだった。

4

その日は五月二十一日で、朝のうちは砂嵐が舞った。司令部では、参謀長室に課長以上が呼び集められた。いつもより、東條の顔は沈痛を装っていた。異動の内示だった。

「私は、このたびの異動で、次官の内示がありまして、月末には満州を離れなければならなくなります。杉山大臣から引継ぎ後、帰るようにとの電報が届きました。後任は近々決まるだろうが、それまでは副長が代行する習わしです。みなも、新参謀長の下で、立派な仕事をして下さい。幸い、内地企業の進出計画はほぼ決定し、中にはすでに用地獲得を終えた会社もあります」

東條はそこまで言った時である。

「大臣も変わられるのですか」

と参謀の一人が質問した。

「うん。板垣中将と聞いとりますな」

「五師団長にはどなたですか」

「参謀次長も変わられるのでしょうか」

「さあ。私は聞いていないのだ」

東條はとぼけた返事をした。

報告はそこで終わった。東條は間もなく、ひと足先に飛行機で日本に発った。

板垣は五月二十五日付で参謀本部付になっていた。大臣就任は六月三日付である。東條の次官就任は五月三十日付だが、その前に東京へ引き揚げていた。つまり杉山元陸相、東條次官体制が三日間あったのである。

石原は、かすかながら、板垣に日中戦争の和睦交渉を期待した。しかし次官が陸大一期先輩の東條では何もできないだろうと諦めに変わった。

その夜、五時に退庁すると、馬で新京病院に駆け付けた。病院の内庭に馬蹄の小屋があり、そこに繋いで病室に入った。銻子の傷口はだいぶ塞がり、四、五日で退院できるまでになっている。

「銻ちゃん、喜んでくれ。板垣さんが大臣になったぞ。東條が満州からいなくなる。これで満州婦人会もなくなる」

参謀長の前では「今更遅い。何を言うか」と怒鳴ってみたが、何か変わるような期待もしていた。参謀長代行のあと、参謀長になったら、思い切り満州国を再建できると、嬉しさは隠せなかった。

「すみません。大事な時に。でも、退院が近いそうです」

銻子はベッドから起きて左胸を押さえた。

「明日から協和会の連中が、ほっとするだろうさ。この前、平林がやってきてね。満軍を四個師団つくると言ってきてね」

「そうですか。昼間、平林さんの奥さんが見舞いにきて下さったですよ。果物をたくさん持ってきましてね。持って帰ってくれませんか。李さんたちにも分けてあげたいのです」

「馬だからね。それは無理だな」

「あっ、そうでした。いや、退院の日でも」

「それがいい。李君と奥さんが、日本料理を覚えてね。錦ちゃんに教わったと言って。ぼくらがいなくなったら、新京で日本食堂が出せるぞ、と誉めてやったところだ」

「喜んだでしょうね」

「うん、喜んでいた。なかなかおいしい味噌汁でね。二日前だったか、大迫の実家の鹿児島料理とかいって、豚肉を味噌に漬けたトン汁を、蓮華さんがつくってくれたよ。甘みがあって、なかなかのもんだった。栄養たっぷりだ。寒い満州にはぴったりだった。西郷さんも食べていたそうだ。嬉しくなったたな」

「あなたが大好きな西郷さんですもの。食べていたでしょうね」

「西郷さんと言えば、この満州国に、西郷さんがいたらな、うまくいくのだが」

「ナポレオンも食べたかしら」

「それはないだろう」

二人は久しぶりに笑った。

錦子の退院は東條英機夫人が新京を離れる同じ朝のことだった。石原は大連経由で帰る東條夫人の見送りには行かなかった。参謀官舎の婦人たちと班長以上の参謀たちが新京駅で見送った。

東條が去った月末、石原は植田司令官に呼ばれて入室した。用件は、石原が提出した「満州国内面指導撤回要綱」についての返事である。

白い髭をピンと張った植田は、曲がらない片足を伸ばしたまま、ソファーに体を倒した。

「しばらくは後任が決するまでは、君が代行することになるが、この書類の件だがね、私も大いに共鳴する。しかし第四課の廃止は、次の参謀長が決まってからにしてくれないかね」

植田は書類を右に置きながら言った。

「内面指導は不要ですので、三課に合流させて、あとは協和会にまかせればよろしいという考えです。関東軍が政治について、とやかく口出しする立場ではないのです」

「しかしだね。内地企業の参入は、軍が絡んでやらないことには進みませんよ」

話はそこで物別れになった。

石原は、丁寧に礼を言って退室した。

石原の「満洲国内面指導撤廃要綱」は「関東軍が満州国の政治に関与すべきではなく、軍本来の任務に復帰すべし」との趣旨である。このため、昨年暮れに発足した政治担当課である第四課を廃止して、前の三課に戻し、以後、軍の政治関与をやめ、次の二項目を解決すべし、との内容である。

「一、国策決定機関の整備を進める。具体的には協和会会長の下に、中央委員会を組織し、その訓練、活用により逐次国策決定の能力を獲得する。
二、重要問題につき、満州国側との間に根本的諒解を図り、その諒解成りし部面より、逐次干与を撤回する。それには、
1、緊急を要する事項として、土地問題、合作社綿花会社など農務関係事項、警務問題、特に日系警官問題。
2、特殊会社を確実に掌握指導し、五ヵ年計画（満州重要産業五ヵ年計画）の遂行を担任し

得る企画統制機関を整備する。
3、新教育制度の方針を強行、拡充し、官吏は満州国内において補充する主義を確立する。
4、官治と自治の範囲を具体的に決定する。官治の範囲は必要止む得なきものに制限し、協和会の活動範囲を拡充する。
5、行政機関を極力単純化し、かつ地方官の裁量範囲を拡大する。
この改革のため、給与制度の根本的改変を行ない、日系官吏の大整備を行なわざるべからず」

石原は「一万の日系官吏が三千万人の満州人を支配している」と指摘した。

この件についての植田と石原との会談結果は、磯谷の就任まで持ち越された。石原としては参謀長代行の間に片付けたかった。だが、東條や梅津、杉山らに言われていたのか、植田司令官の抵抗は意外なほど強いものだった。

第13章

最後の講演

1

磯谷廉介中将の関東軍参謀長就任辞令は、陸軍大臣に就任した板垣征四郎中将と陸軍次官東條英機中将との間で、人事権を巡って揉めた末、六月十八日付で、正式に発令された。師団長の関東軍参謀長就任はいわば格下げ人事で前例もなく、磯谷自身乗り気ではない。板垣が「ならば石原に」と言っても、東條は「少将だから早い」と言って反対した。

東條次官は板垣が就任直前に、人事局長との間で、全陸軍のトップ人事異動を内定した。引継ぎが終わる前に杉山陸相との間で人事を内示している。磯谷の場合がそれである。だが北支の前線にいる五師団長の板垣や十師団長の磯谷は、おいそれと現地をすぐに離れることはできなかった。

しかし師団長人事は急がねばならぬ。東條次官は杉山陸相との間で決定し、特例で発令した。問題は板垣と磯谷の両師団長の帰京である。前線の連隊長や師団参謀との作戦展開もあり、状況判断に時間がかかる。

板垣は先に、五月二十五日付で参謀本部付となり六月三日付で三宅坂の陸軍省大臣官邸に入るが、磯谷の場合は後任が決まらず、発令から帰京まで、少なくとも十日以上はかかる。しかも参謀本部内には石原の参謀長昇格の声が挙がっていて、板垣は磯谷の決定を取り消しすべきかどうか悩んだ。定例でない限り、即座に前線の師団長を移動させることができないからである。正式に決定するのは六月十八日である。

だが、磯谷の十師団は中国の奥深くまで攻めていて、帰京は七月の下旬になった。その間、張鼓峯で日ソ両軍での国境戦が起きた。守備管轄は朝鮮軍十九師団（尾高亀蔵師団長）であるが、すでに武力行使に出、管轄外の関東軍は側面を固めて警固した。磯谷の渡満はちょうど日ソ両軍が激突した直後である。それまでは石原が参謀長を代行していた。

石原は、これまで少将が関東軍参謀長になった例はないが、板垣陸相人事で自分が昇格すると思っていた。万が一にも石原の昇格となれば、前任の東條がつくった満州国政治への介入は取り消し、本来の満州国に戻し、一党政治の協和会中心の理想の満州国家が再建できると、その気になっていた。

国防の面では、満州の若者を軍学校で教育し、日本の陸軍士官学校に留学している満州の将校を指導者に迎え、満州国軍で彼らの祖国を防衛させる。

もっとも、関東軍の中には、満州国軍が大きくなることを危惧する参謀もいた。満軍は関東軍の手先となって前線に立つべきで、作戦に介入させたくないとの理由からである。中央の陸軍省の多くも、そうした意見だったが、石原は真っ向から反対した。

満州国が誕生してから七年になるのに、未だに軍政の植民地政策をとり続けている。その最たる人物が東條英機であったし、今の関東軍の各課長たちだった。彼らには、満州国が独立国家として国際的に認知されることが、日中戦争の解決になる理由が、理解できないでいた。徹底した職業軍人の悪癖そのものだったのである。

「せめて満州国内で満州国家を確立したい」と石原は焦った。

ところが、こうした心労から、ついに石原を持病が襲った。持病の膀胱腫瘍が悪化し、発病したのである、

しかし彼は磯谷が遅れて司令部に入った当日も出かけ、磯谷に挨拶した。彼が磯谷に、「内面指導の停止」を求めて談判するのは、磯谷が参謀長室に入った二日後である。

石原は、むくんだ顔で、

「司令官からもお聞きしていると思いますが、内面指導、政治介入の件、第四課の廃止が急務です」と切り出した。

するとと磯谷は頭に手をやり、

「片倉課長に意見を聞きますが、ただ余りにも急ですな」

と言って困った顔をした。

「私の撤回要綱には、業務を縮小し、三年内に廃止と書いてあるはずで、急なことではありません。その他に教育制度を満州で拡大することです。文盲が多いですから、日本同様に義務教育化して、子供たちに教育の機会を与えることです。協和会も、現在の本部制をやめて、会長の下に中央委員会を置き、委員会で政策を協議する、そこには満州人も入り、アイディアを出させるのです。

それと土地問題です。日本からの入植者が満州人から安く土地を買い叩き、反感を買っています。先住民の土地を買い上げて入植させると、次第に反日的になり、中には不満分子がソ連軍を通じ、スパイ活動家に転じかねません。これは緊急事項です」

「もう少し時間をいただけませんかね」

「前任者の意見を聞くというのなら、別問題であります」

「東條さんの意見を聞くのも、判断の一つになりませんかね」

「ここはあなたでなければならないでしょう。この現状では、ソ連軍の思うツボです。前線基地を回って見て下さい。彼らは何と言ってるか。満州は三方から包囲されているんですよ。せめて二十個師団が必要なんです。車も飛行機もない。兵器たるや比較にならんのです。そんな時に、政治にかまっておられますか」

ここでも、物別れになった。

石原は悄然として、参謀長室を出た。廊下を歩きながら、石原は思わず「あの東條伍長め。どこまでも腐った奴だ……」と呟いた。

その夜から、ついに高熱で体が震え出し、新京病院内科に入院した。治療に専念するが、膀胱の腫瘍は悪化し、一週間入院治療に努めた。

入院中、石原は自分に限界を感じはじめていた。磯谷までが東條に言い含められたらしく、関東軍の政治介入を続行する肚である。

辻政信が入院先に見舞いにきた時、石原が入院中の司令部の様子を知らせてくれた。

「片倉さんは、見舞いにはこられなかったでしょうね」

辻が意味ありげに言った。

「やっぱりそうか」

「分かりますか」

「うん。そんなところだろうと思ったよ」

「学校問題には同意でしたが、入植者のための土地の買い上げには、積極的です。副長の意見書に、四課の連中は皮肉を込めて、ケチをつけています」

「今じゃ、満州国総理は片倉だね。満州は一介の課長に牛耳られているではないか」

「ところで、建国大学の学生たちに、講演してほしいのですが。彼らは副長の顔を見ていませんので、一度顔を出していただけませんか」

辻は、哀願するように言った。

するとと石原はベッドに寝たまま、

「おい、辻参謀。オレが陸大教官の時、お前や片倉は出来のいい生徒だったぞ。誉めることが大嫌いなオレに喋らせると碌なことはないぞ」

と皮肉を込めて言った。

「何と言われてもかまいませんよ。思っていることを喋って下さい。生徒たちが会いたがっているんです」

しばらく考えていた石原は、その時、意外なことを声に出し、辻を驚かせた。

「オレは軍人を辞めるつもりだ。お前の顔を立てて、最後の挨拶をしないといかんな」

「えっ、副長。何と言いましたか」

「大迫の所に行って、満軍の教官になろうと思っている。ここにはオレが居る場所はない。阿南に手紙を出したばかりだ。けど、何の返事もない。さては、またも憲兵隊が握り潰したのかな。東條はオレにくる手紙を先に読んでいたそうだよ。大迫が教えてくれてね」

「磯谷参謀長はそんなことはせんでしょう。副長、決して辞めるなど、言わんんで下さい。極東ソ連軍を喜ばせるだけですから」

「秩父宮さんも同じことを言ってたな」

「もう話されたのですか」

「うん。まだだが」

病室は、重い空気に包まれた。辻は、独りで見舞いにきたことに、救われた思いがした。もしも他の参謀に聞かれたら、必ず拡がり、極東ソ連軍の知るところとなっていたからである。

2

七月七日は、盧溝橋事件からちょうど一年後に当たる。工事中であった建国大学の講堂に当たる養正堂が完成し、建大一期生が十日からの夏休みを控えていた。辻政信は石原を口説いて学生たちの前に顔を出させることに成功した。

辻は養正堂完成と同時に、新聞大に引き延ばした石原の顔写真を額にはめ、演壇の後ろの壁に掛けた。これには全教授たちが拍手を以て迎えた。

辻は得意顔だった。

建大の構想とアイディアは浅原健三だったが、参謀本部の作戦課長に就任した石原は、このアイディアを即実行に移した。まず陸軍省の課長に、あと軍務局長、梅津次官に話して口説いた。関東軍では当時の板垣参謀長を口説き、辻と三品隆参謀が中心になって動いた。板垣のあとの東條も支援し、星野直樹国務長官に予算を計上させた。そのあと、辻は東京の石原に設計図面を見せ、指示を受け、着工させた。

それだけに、講堂の完成後、辻はどうしても講演してもらいたく、車で迎えに出た。体調不良だった石原の方は満州を去る覚悟が決まっていて、一度学生たちに伝えておきたいことがあり、出かけた。この朝、学生たちの方は英雄の講演を聞きたく、全員胸を躍らせていた。

ところが、各教授と挨拶を交わしたあと、演台に立った石原はいきなり、

「この大学は、私がつくろうとした大学とは違う。私はアジア大学という校名だった。日本人学生と満人学生に、深くお悔やみ申し上げる。親が喧嘩し合っているので、その息子さんはさぞ辛かろうと、厚く同情いたします」

そう言って、深々と頭を下げたのである。そしてこう続けた。

「こんなことになったのは、日本の軍人がバカだからです。日本が仲良くしなければならないのに、ドンパチやって、勝った勝ったといい気になっている単細胞人間がうようよいるから、戦争はいつまで経っても終わりやしない。北支那方面軍のハゲ大将（注・寺内寿一大将）、あれは大バカ者です。

中国の人たちはなぜ反満抗日しているか。それは日本を信用していないからです。中国の人たちは満州を見てどう思っているか、日本人は民族協和なんて大層なことを言っているが、あ

りゃ日本の植民地だと見ている。関東軍司令部がふんぞり返り、日系官吏がのさばっていれば、そう思われても仕方がない。

君たちも選ばれてこの満州の最高学府に入ったが、一体何を学んでいるのか。立身出世の一等切符を手にして、高位高官を目ざしていやしないか。日系官吏が自分たちだけ権力を握り、他の民族をアゴで使うような政治を夢見ていないか。給料や生活程度が日本人と他民族とで差別があるのは当然と思っていないか」

すると、その時、米田正敏という学生が手を挙げた。立ち上がるや、

「私どもは、絶対に、そのような考えは持っていません」と言った。

石原は「そうかい。それならよい」と苦笑した。そのあと、

「それでは聞いて下さい」と優しく言った。

「今度の戦争は関東軍が華北分離工作なんてバカなことをしたから起こったのです。華北から中国軍を追い出して満州国を守ろうとした。本末転倒も甚だしい。満州国に民族協和が実現して、中国だけでなくアジアの人たちがこの国はすばらしい国だと思うようになれば、満州は盤石です。抗日どころか、自分の国も満州国のようにしようとするだろう。

軍人の私が言うのも変だが、武力で押さえつけたものは武力でしっぺ返しを食らうものです。これは歴史が語っている。

今、大事なことは満州をしっかり固めることだ。満州が世界中で類のない民族協和の国として発展していけば、中国の人も、世界中の人も日本を信ずるようになるだろう。しかし今の日本でそれはできないだろう。政府も陸軍も今の若い中国をまったく知らないし、知ろうしない

からだ。あいつらは日清戦争の頃の支那しか知らない大バカ者だ。こういう連中が政治を壟断《ろうだん》している限り戦争は終わらない。親同士が喧嘩していて、息子の君たちに民族協和をやれと言ったって無理だ。建大をつくったのは間違っていたかもしれない」

「建大には、三・一朝鮮独立宣言文を起草した崔南喜先生や、中国五・四運動の先頭に立たれた鮑明鈴先生、蘇益信先生がおられる。中山優先生は中国でも尊敬されているお方だ。こういう方々から君たちは多くを学びとってほしい」

しかし学生たちにとり、石原莞爾という風変わりな、意表を突き、平気で上司の元陸相寺内寿一を「ハゲ頭のバカ者」と罵倒する軍人と会うのは、この日が最初で、最後となった。

石原は、すでに「関東軍では私の働く場所はない。オレの夢は敗れた。軍人を辞めて民間人として、東亜連盟の志を貫くことにしよう」と考えていた。

3

ところが、建大での講演から二日後の九日のことである。豆満江の下流、張鼓峯に十数名のソ連兵が進出し、その後も兵力を増加して陣地を構築し始めた、との情報が琿春の分隊から関東軍司令部に入った。

石原はすぐに管轄している朝鮮軍に知らせた。朝鮮の羅南に司令部がある第十九師団からも、満州国領内にソ連軍が侵入した、との急報が入る。しかし小磯国昭朝鮮軍司令官は「大局に影響なし」と黙過する方針をとった。様子見である。

関東軍としては満州国領内ながら所轄外のため手出しができず、朝鮮軍司令部に警告電報を打った。

参謀本部は陸軍省と協議して「張鼓峯事件処理要請」を取り決め、すぐに関東軍と朝鮮軍に通達した。内容は「外交処理するが、交渉決裂の事態に備えるため、朝鮮軍の十九師団と張鼓峯の正面に集中させる」という通達を、関東軍に対しては慎重を期せよ、と電報で訓示した。不拡大方針をとったのである。

しかし関東軍としてはじっとしておれない。東京からの指示がない限り、東満州の師団を動かすこともできず、石原は苛立ちを覚えた。

彼は極東ソ連軍部内に何かが起き、極東司令部がモスクワにひと泡吹かせようと「張鼓峯はソ連領土だ、これを取り返す」との行動に出たものと分析した。

石原は各課の班長以上を会議室に集めて情報を聞いた。残念ながら、豆満江の対岸、張鼓峯一帯は満州と陸続きでも、十九師団の管轄で、関東軍は手が出せない。しかし万一の時は琿春の第十二師団の一部を国境近くまで進ませ、朝鮮軍に武器提供する方針を固め、側面から警護することにした。

「今のところ、関東軍にできることはそこまでだが、戦争が拡大した場合には、延吉の師団と綏芬河、東寧の八師団を戦備強化し、牡丹江の第二師団を綏芬河のソ満国境四十キロ地点まで集める用意がある。準備せよ」

と石原は方針を指示した。

昭和十三年春になると、関東軍は六個師団になり、各師団の配置換えが行なわれた。チチハルには第一師団に代って牡丹江の七師団が入る。哈爾濱の第二師団は牡丹江に、第四師団は松花江を睨む佳木斯に、第一師団は孫呉付近に司令部を移した。

中国本土に兵を送り込んだため、石原の東満州二軍四個師団常設計画は、夢のまた夢になっていた。ソ連と日本軍の兵力の差は三対一で、ソ連軍は航空機百機、戦車二百輌、歩兵十七大隊、砲兵八十五門で攻撃してきた。

ソ連に対して日本軍は飛行機はゼロ機、戦車もゼロ、砲兵二十三門、朝鮮軍の十九師団の歩兵は八大隊に過ぎなかった。

戦闘は七月三十日、独断専行の十九師団の夜襲が始まり、それから八月十日の約十二日間続いた。

張鼓峯は海抜一四九メートルの一番高い峰である。豆満江から朝鮮北部、東満州の琿春一帯が眼下に見渡せる、戦略上の要所である。しかも周辺の地域は狭く、湖沼と豆満江に挟まれ、火兵力の使用には不適な地である。しかしソ連軍は不法越境して、日本軍に東満国境で揺さぶりをかけてきた。

戦闘は八月に入ると、ソ連軍は張鼓峯及び沙草峯陣地に猛射を浴びせた。八月一日正午からは延べ百三十機が第一線及び古城などの砲兵陣地を爆撃した。二日も百機が爆撃した。八月六日になると、ソ連軍は全線にわたって攻撃を開始し、飛行機の爆撃を続けた。

朝鮮軍の第十九師団は戦車も飛行機もなく、ソ連機の猛爆で多大な損耗を受けた。また正面に亘りほとんどの電話線が切断され、指揮が執りづらくなっていた。

八月六日。ソ連機の猛爆は激しく、延べで百五十機に及ぶ。砲爆撃は第十九師団の歩兵七十五聯隊第三大隊の主力がいる五二高地と張鼓峯と高地の連絡である第九中隊陣地、張鼓峯の第六中隊主力、防川順高地の第七十五聯隊本部、将軍峯の歩兵三十七旅団司令部、七十五第二大隊、沙草峯一帯の歩兵七十三聯隊、国境守備第二中隊、松乙峯高地の山砲兵主力、豆満江の渡船場など、戦場の各要所に対して猛烈に爆撃してきた。

また第一線陣地の前方には、戦車隊が狙撃してきた。五二高地に対しては六日の午前十一時頃だけで約百輌に及ぶソ連戦車の猛射撃である。夜は二中隊ほどで急襲してきたので、日本軍はこれに対して手榴弾や石塊を投げて応戦し、ようやく一部を撃退した。しかしさらに、三大隊が戦車で攻撃してくる。

七日の早朝、五二高地、第九中隊陣地をソ連軍が砲爆撃し、激しい攻防戦となる。関東軍は琿春から武器輸送するが、一本しかない道は狭く、搬送に二日もかかるありさまである。

九日になると空爆はなくなったが、代わりに戦車隊が出現し、各正面の日本軍を猛射した。十日も、ソ連軍は朝から射撃を開始した。

夜になると、ソ連の狙撃兵は攻撃前進を開始し、前方一五〇メートル先まで接近してきた。張鼓峯の頂上陣地ではソ連機の空爆と銃撃が続いた。沙草峯方面でもソ連の狙撃隊との間に応戦が続いた。国境近くで様子を見ていた関東軍の分隊から、石原の所に逐一様子が伝えられてくる。

「なぜ、五二、張鼓峯、沙草峯を攻めたと思うか」

石原の質問に対し、作戦課と情報課員たちの中からは、

「これは陽動であろう。戦火を拡大する意志なら羅南司令部、延吉司令部を空爆している。彼

らは張鼓峯と沙草峯はソ連領土だと主張しているからでしょう」

と分析する者もいた。

すると石原は、

「仮にそうだとしても、これは極東軍がモスクワのスターリンへの見せしめだろう。反スターリン派がいるということだ。こいつらは日露戦争当時と同じく、領土取りだ。だから張鼓峯を狙ったのだろう。西側からもくるぞ」

と予測を述べた。

すると作戦担当の辻政信は、

「この際、延吉軍と八師団を前進させ、出撃準備に入るべきかと思いますが。奴らは領土侵入して事をおっぱじめる考えでしょう」と分析した。しかし石原は、

「目下、モスクワは外交交渉中でいずれ結論が出るだろう。しかし今、一戦交えたら関東軍はひとたまりもない。飛行機が何機あるか。五百馬力じゃ勝てるわけがない」

モスクワでの停戦協定は十日夜十二時に締結され、大本営は翌十一日午前中に、朝鮮軍に正午を期して戦闘を停止する交渉が成立したことを知らせた。しかしソ連軍は十一日の朝から再び攻撃を続行した。特に張鼓峯頂上に対しての砲撃は猛烈だった。

朝鮮軍が「十一日正午（ソ連沿海州時刻）双方の軍隊は戦闘行動を中止すること。日本軍は現在地から九十一キロ後退し、ソ連軍は十日夜十二時現在の線に位置すること」と協定を知らされたのは、十一日午前十一時二十分頃である。関東軍にも「停戦」の知らせが電話で届いた。

一方参謀本部（橋本群第一部長）は大連に集結した南支作戦用の第百四師団の先頭梯団を琿

春に、主力を図們に進出させていた。到着したのは八月二日である。この日は遺体交換など現地の停戦会談の日で、会談は張鼓峯南東稜線上で実施された。

双方の戦死傷者は、ソ連軍が推定四五〇〇名、日本側は一四四〇名、双方の戦死者は中隊長を含む五二五名。戦闘参加人数は六九一四名中、一割近くが戦死した。

この事件では、ソ連は「赤軍の勝利」と大々的に宣伝し、軍人たちは英雄章、赤旗章などを授与するなどして志気を高揚させた。

極東軍としては、この事件で日本軍の夜襲対策を研究すると同時に、今後の作戦、戦術、整備戦法を改善することになる。

石原は、ソ連側に日本軍の出方を窺う機会を与えたことから、以後ソ連軍は飛行機と戦車隊、夜襲対策を練り上げて、次の機会に攻撃を仕掛けるので、研究するように伝えた。

しかし、満州重工業開発はまだ緒についただけで、何一つ軍事産業は稼働していない。そこを攻撃される日が近いと忠告した。

「来るとすれば、次は西と北だ。各師団の戦列を研究せよ。戦車隊の砲撃に備えよ。琿春地区は関東軍の管轄内に移管する必要があるが、延吉には二個師団を要す。ここには方面軍を置き、守りを固くすべし」

朝鮮軍師団は、尾高師団長命令で撤退を部署した。歩兵第七十四聯隊の歩兵約一大隊で五二高地、将軍峯、沙草峯南西地付近を占領し、その掩護下で十二日夕刻から主力の撤退を開始するというものである。石原はそのことを知らされるが、なおも西の満州里、ノモンハン方面の軍備強化を進言した。

第14章

星降る街に

1

関東軍辞意を固めた石原は、一夜で軍司令官宛ての長い上申書を書き上げた。

題名は、「関東軍司令官の満州国内面指導撤回に就いて」である。日満重要産業計画の実施に向けた満州建国案の骨子であった。

書き出しは「自由主義政党その指導力を失い、皇国は危殆に瀕せる時、我関東軍は止むなく満州国の第一戦に立てり」で始まる。そして甲、乙、丙の三項目を書き加えた。

甲、国策決定機構の整備

一、協和会会長の下に協和会の中枢者（協和会の先達）を以て中央委員会を組織し、国策決定に当たる。

二、会長には本庄繁大将を推薦す。

三、会長の下に企画機関を置く。

乙、政治の指導
速に統制経済指導機関の再組織を必要とする。五ヵ年計画成功の為には、統制経済の運用を最も合理的ならしめざるべからず。
丙、日本の責務
関東軍の内面指導を撤回するため、さらに日本としては速に満鉄を満州国法人とし、関東州を満州国に譲与する英断に出ると共に、日満間に共通なる経済を公正妥当に決定すべき協議機関を東京に設置する。
この機関は盟邦国家中央統制機関の母体となるべし。

これを徹夜して一気に関東軍の便箋に書き上げた。

書き終えたのは朝だった。近くで鶏の鳴き声を聞いた。石原は、それから数時間、ベッドに入り、仮眠した。

この日は珍しく昼近くまで眠った。外は満州特有の乾いた柔らかい風が流れていた。満州で最も過ごしやすい季節で、夜になると日本人街では、内地同様の盆踊りが行なわれた。

石原夫婦は、その夜日本人街にタクシーで出かけ、露天売りの夜店を見て回った。満州にきて初めての夏祭りの散歩だった。公園の広場には櫓が組まれ、四方に縄のロープがかけられ、満州国旗と日本国旗が吊るされている。露天商たちは周囲に夜店を出し、通りかかる満州人や日本人たちに手を叩いて呼びかけていた。

一見して平和に見えた。司令部の参謀たちばかりでなく、各官庁の日系人や満州人の家族たちも、夜祭りに参加し、互いに顔を合わせていた。

ところが哈爾濱や佳木斯では、抗日運動のゲリラが出没し、乱射撃して民間人を襲ったり、祭りの広場を襲撃したりしていた。

歩きながら、石原は妻の錦子に、

「錦ちゃん。荷造りの準備をしようか」

と言った。

そのことが何を意味するのか。錦子にはすぐに判った。「はい」と返事した。

夫は、軍人を辞めて、満州を去る決意を固めたのだと悟った。それは、いつかは来るだろうと思ったが、しかしこんなに早く来るとは思わなかった。東條参謀長が陸軍省の次官に就任したから、不愉快な婦人会もなくなり、過ごしやすくなっているはずだった。本人も、司令部で顔を合わせることもなく、居心地はいいはずと思われたが、それは妻の想像で、本人は「内面指導の撤廃」を巡って封殺され、すっかり孤立していた。

突然、太鼓が鳴り、炭坑節の歌が流れてきた。

「おや、三池炭鉱節だよ」

櫓の上を見上げると、そこでは浴衣姿の男たちが三人、一人は太鼓を叩き、一人はマイクなしで声を張り上げ、一人が手振りで踊っている。

「♪月が、出た出た、月が出た、あヨイヨイ。三池炭鉱の、上に出た。あんまりエントツが高いので、さぞやお月さん、けむたかろ、さのヨイヨイ♪」

この歌に合わせるように、人々が集まり、輪となった。掌を合わせ、腕を振りながら足を出し、踊り始めた。軍人も満州人も一緒に踊っている。

石原は夫婦で新京の盆踊りを見るとは、思いもしない。しかしそれも、今夜が最後になる。

翌月曜日、恒例の作戦会議が十時から作戦室で開催され、石原は、参謀本部の多田次長に進言した三軍二十一個師団設置に向けての具体的な施行策を研究課題にした。

会議のあと、昼食もとらずに、車輌部から車を出し、副官の高橋柳太に運転させ、吉林の東洋一の豊万ダム建設現場を視察した。

「このダムが完成すれば、吉林郊外の工場にも、電気が引ける。吉林、新京一帯の電気が賄えるぞ」

二人はそのあと南下し、飛行機製造工場、飛行学校予定地、日産自動車工場予定地を視察し、夕刻に新京へ引き返した。

石原が軍司令部室に入って、上申書を手渡すのは、それから二日後である。清書した四枚の便箋に書いた「関東軍司令官の満州国内面指導撤回に就いて」の書類を植田の机の上に置いた。

「これは、石原からの、最後の上申書と思って下さい」

と丁寧に頭を下げた。

「体調は回復されましたかね」

「お蔭さまで。先日も豊万ダムを見てきました。工事は順調です、けど私はほどほどに疲れました。もはや、私の居る所はございません。軍司令部から各班長まで、この満州の植民地化にする地盤が固まっており、残念です」

「石原君。しばらく休養された方がいいぞ。板垣大臣には私の方から電話しておきますから」

「軍司令官。相手が違いませんか。今では司令官の上司は東條次官じゃないですか」

「確かにそうだ。それでも一応事情を知らせる必要があるからね」

「阿南さんにはすでにお伝えしております。私の後任を捜すように手紙を出しておきました」

「磯谷君ともよく相談しておくけど、余り急がぬ方がよろしいですよ。それよりも、休養が必要ですな。そうなさい」

植田はそう言って宥めた。

石原は、協和会という一党政治と統制経済による経済政策で満州国が繁栄することが国際的にも評価され、独立国家として認知される、そのことで蒋介石の国民党が見直してくるという希望が理解されぬことに失望していた。

植田も磯谷も、またぬくぬくとしている参謀課員全員の取り組みにも、石原の考えが理解されないことには絶望した。彼らは官僚軍人に成り下がり、任期を終えて次の異動で栄転する機会を窺っているにすぎない。作戦能力はなく、第一課の情報も甘い。

その意味では、彼らにとって満州国とは、ただの出先機関にすぎなかった。

「七年も経つと、国づくりなんて考える奴はいなくなるものか。もう、終わりにしよう」

軍司令官室を出た時、石原は歩きながらそう決意した。

2

その夜から、石原は再び膀胱腫瘍で苦しみ、ベッドで休んだ。鎮痛剤はなく、内地で教わった霊感法を学んだ銻子が、長く右手を患部に当てて、眼を閉じて霊感治療に当たった。その間、石原の体からは汗が吹き出し、呼吸も落ち着いてきた。そしてそのまま、深い眠りに入った。

翌朝、石原は心地よい朝を迎えた。

「銻ちゃん。私は満州人の期待に沿えなかった。日中戦争も止められなかった。だから軍人を辞めようと思う。内地へ帰ろう」

ベッドの中で、石原は声に出した。

その声を聞いた銻子は、並べているベッドの中で、しばらくして言った。

「帰りましょうか。そうしましょう」

すると石原は、

「あなたにも苦労をかけましたな、日本に帰ったら石原は坊主になります」

「そんなに、ご自分を責めないで下さい。あなたは充分に、尽しましたよ。盆踊りの夜、荷造りを、と言った意味が分かりました」

「これから、奉天に行って、于冲漢先生のお墓にお参りして、謝ってこようと思う」

「私もご一緒させて下さい」

「そうか。行きますか。さっそく着替えないと」

于冲漢は日露戦争当時、日本軍の通訳官だった。その後、東京外大で教授となり、長く滞在していた。満州事変後、民間人の間から満州国建国に名乗り出て、満州の警察長官になり、治安を担当した。石原の恩人の一人だったが、二年前に病死している。

朝の四時前だったが、満州の夏は朝が早い。窓の外はすでに明るかった。

二人は起きると、紺の協和服に着替えた。それから、六時に、タクシー会社に電話をかけ、一台迎車を出してもらった。電話局の女性交換手の中には、憲兵隊に通じているか、または軍の依頼で会話を傍聴する場合があるので、石原は気をつけてかけた。幸い、今回は何もなかった。タクシーは約束通りに、六時過ぎに迎えにきた。

大連行きの特急列車に乗り込むと、奉天駅まではわずか二時間である。広大な大地を、列車は南へ南へと走った。いつの間にか、多くの日本人が満州は日本の領土と思い込んでしまっているのが、石原には耐え難かった。

日本人は満州人の満州国に住んでいるだけで、いわばお客の身である。ところが軍人をはじめ役人や実業家、大陸浪人たちは、主づらをしている。特急列車の中の日本人客もそうだった。満州に進出した内地の日本人たちは、満州国が法人税無税で企業を誘致しているにもかかわらず、我が物顔していた。

石原夫婦は、なるだけ顔を合わせないように、窓外に走る景色に眼をやった。

于沖漢の墓は、彼が生まれた土地遼陽に、一族の墓と一緒に建てられていた。石原夫婦は遼陽で降りると駅前からタクシーに乗った。運転手に「于家の墓地へ」と言うと、土地の運転手は心得ていて、墓地へ車を走らせた。

墓地は山間の南斜面に、階段状に点在していた。二人はタクシーを待たせ、松林の山道を上がり、于家の墓前に立った。それから石原は膝をついて合掌した。そして声を出して、

「私は、あなたとの約束を果たせなくなりました。お許し下さい。五族協和の夢は、破れてしまい、荒波に漂っています。もう二度とお会いできる機会はないでしょう。お許し下さい。お

許しください」

と懺悔し、その場に泣き崩れた。

石原莞爾はしばらくの間、合掌したまま立ち上がれなかった。

それからどれほどたったか。石原には、于沖漢を病院に見舞った時の光景が浮かんできた。

鶴の首のように痩せた細長い腕を伸ばして、石原に話しかけたのである。

「このままでは、長くはありませんね。中国との戦争を早く終わらせないと、列強国は満州を奪いにきますよ」

その声を聞いて、石原はハッとして眼を開けた。

銻子の手が、背後で石原の背中を支えていた。

起き上がると、二人は山道を下り、待たせていたタクシーに戻った。

3

八月十五日の朝はからっと晴れていた。石原は六時に出勤すると、机の中の後片付けを始めた。軍のものと個人用のものとに分けた。軍のものはそのまま机の引き出しに戻した。私用のものは紙袋に入れた。壁に張った地図はそのままにした。そしてその日は何事もなかったように夕方一杯まで在室し、歩いて帰宅した。

夕食後、石原は書斎室に入ると、最後の意見書を便箋十枚に書いた。これまで、一番長い論文で、直接軍司令官に宛てたものである。題名は、またも「関東軍司令官の満州国内面指導撤回に就いて」とした。これは石原の軍司令官への最後の意見書であり、遺言だった。

　前文で石原はこれまでと違って、

「軍の周到なる計画の下になるべく速に満州国の内面指導を撤回し、満州国の独立を完成するを要す」

と、ここで初めて「満州国独立」と明記した。

国策決定機構では、協和会会長に本庄繁大将を、その下に中央本部委員会を置き、「会策」を決定し、会長の下に企画機関を置く。即ち現在の大同学院を協和大学と名称を変え、同志的学者を教授に迎え、国策企画の機関とする。

　政治指導の面では、

一、経済行政は統制経済として、遅くとも一年内に機関を設置する。
二、民心安定のため、豊かなる行政を要す。土地問題、合作社、農務関係、警務問題、日系官吏、建大生は在満日本人、義勇軍より募集すること。
三、新学制を強行し、国民学校は協和会が経営する。高等学校は勤労主義教育に、高等学校卒業生の中から一部を建大・指導大学・陸軍中央訓練所に、適任なる優秀者を農業、工業の大学に入学させるなど、満州国特有の学校制度を打ち出している。

　この他に十六日、副長の机で「軍の政治退却に関する意見」も書き上げた。意見は七項目挙げている。

第一項目は「維新の大業に参画させる重臣は、明治大帝の御信任を忝うすると共に、万人の信頼を得て所謂官僚政治により明治の盛業を扶翼し奉れり」で始まり、最後の七項目には、「然れども時は一刻も停頓を許さず。この沈滞せる形勢を転回し得るものは、軍の内部崩壊による。それ失脚たるべしとて、見解必ずしも根拠なき浮説と称すべからず」

そして最後に、

「国家国軍を救う道は、軍当局が、よく大勢を達観し、断固自ら政治より退却する外なし。退却はまず満州国から開始するを至当とす」

と書き留めた。

昭和十三年八月十六日の夕刻である。

石原は、これら二通の意見書を紙封筒に入れ、副長の机の上に置いた、それから、便箋一枚に毛筆で、「予備役願書」と、書き、それを封筒の上に重ねて置き、席を立った。ゆっくりと歩き、整然として副長室を見渡した。

「ああ、世話になったな。日本人というやつ、下品の民だな。亡んでも仕方がないんかも知れん」

と心の中で語り、部屋を出た。

途中、作戦課の若い参謀たちと会い、声をかけられるが、彼は軽く挙手して歩いた。

その夜、夕食あとのことである。

石原は手紙や本関係、衣類関係をトランクに詰め終わると、夏地の紺の協和服に着替えた。

事情を知った李夫婦が、泣きながら玄関に入ってきた。

石原は、あるだけの紙幣を両手に持ち、

「これは満州国のお金だ。私は日本に帰る分だけで充分。残りはあなたたちにあげる。いろいろと世話になったね。ここに残ったものは全部あなたたちにあげる。使ってくれ」

と言って、夫の李仁に紙幣を手渡した。

李仁は受け取っていいものかどうか、オロオロしている。すると傍で鎌子が頷いて合図した。

「奥さん、蓮華。ここにある食器類は、鍋も釜も、あなたにあげます。新京で日本食堂をやりなさい。ほら、これは私からのお金。みんな合わせれば、お店が出せるわよ。きっと、美味しい日本食が出せるわよ」

鎌子も、わずかだが、残りのお金を渡した。

すると蓮華は、

「奥さん、あのう、誰にも、知らせなくてよいのですか。山口さん、小泉さんにも――」

と泣きながら弱々しく頭を振った。

「いいのよ。いろいろあってね。きっと、日本食堂がつくれてよ。大丈夫。あなたならできるわよ。店の名前は蓮華《れんか》はどうかしら」

「私の名前ですけど」

「いい名前ね。きっといろいろな人が食べにきますよ」

「怖い参謀夫人はもういませんけど。あの人たちは怖いです」

「そんなこともあったけど、でも忘れました。これでいいのです。送らなくてもいいですから」

二人は抱き合って泣き崩れた。蓮華は錦子にお礼を言いたかったが。言葉にならなかった。

「何かあったら、山口さんに電話しなさいね。今は奉天副市長室にいますから」

「本当に、本当に行ってしまうのですか」

「お世話になったわね」

外はもう暗かった。

夫の李が、列車に間に合わせるため、通りでタクシーを呼び止め、戻ってきた。二人は乗り込むと、窓から李夫妻に手を振った。突然、蓮華は道路に飛び出して手を合わせた。

李夫妻は、いつまでも泣き崩れて、見送っていた。

夜の新京駅には、哈爾濱に出かける家族連れがいた。しかし吉林や延吉方面のプラットホームには、人はまばらだった。蒸気機関車があちこちで白い蒸気を吐き出しながら、ピィーと警笛を鳴らして出発時刻を知らせていた。

錦子が羅津までの片道切符を二枚購入してきた。新京駅は出口と改札口は別々の待合室になっていて、レンガの壁一つで仕切られている。

石原と錦子は改札口で日本人の駅員に鋏を入れてもらうと、階段を上がり、プラットホームに出た。そこで満州人の軍人が二人、銃を肩にかけ、見張りについていた。

「山口さんたちに知らせなくてよかったのですか」

と錦子が心配そうに言った。

「いいさ。薄々感じていただろうから」

「東京に帰ったら、板垣さんや阿南さんに怒られそうですね。心配です」

「そうだな。でも会わないことにする」

鍬子は夜空を見上げた。その時突然、

「わあ！　星が一杯。こんなに大きな星。今にも落ちてきそうよ。見て見て」

と声に出した。

石原も、つられて夜空を見上げた。そこには、手に取るように星がいくつも輝いていた。

「満州の星はきれいだな。初めて気付いた」

「はい。今まで星空を見てなかったみたいですね」

「星は万国共通だ。さらば星空よ。満州の星たちよ」

二人が星空を見上げていると、向こうのプラットホームでも家族連れの満州人たちが夜空を見上げ、喜び合っていた。石原は、その声でふと我に返った。それから、二人は列車のタラップを上がり、二等車のデッキに立った。

羅津行きの夜行列車は、予定を五分ほど遅れて蒸気を吐き、新京駅を離れた。レールを叩く音が聞えてきた。その時、石原は窓外に眼をやった。新京の街が、星空の下に青く沈んでいた。灯りが走り、甲高い満州人の歓喜の声が聞こえたかと思うと、遠くで盆踊りの歌声がかすかに聞こえてきた。

「あら。あなた」

と鍬子は窓の外に顔を向けて耳を澄ました。

「なにか」

「え、聞こえるの。ほら、聞こえてくるわよ」

「何がだね」

「――炭坑節よ。ほら、太鼓の音よ。歌っている。踊ってている」

「うん、うん。女の声も聞こえるな」

「本当だわ。聞こえる。聞こえる。今度は男の声だわ」

石原は窓を開けたまま遠く南の方の蒼い闇を見詰めていた。やがてそれらの声は、次第に遠のきはじめた。外は闇に包まれていった。

彼は眼を閉じ、かすかに聞こえる盆踊りの太鼓の音に、耳を澄ましていた。そのうちに太鼓の音も人の声も遠ざかり、レールを叩く音のみが、心地よく伝わってきた。


（完）

あとがき

昭和十二年八月の第二次上海事変は、守備していた海軍が作戦に失敗し、陸軍が引きずられた無謀な作戦だった。不拡大を主張した陸軍参謀本部作戦部長の石原莞爾少将は、作戦の責任を責められて辞任に追い込まれる。その後は、犬猿の仲である東條英機中将が参謀長をしている関東軍に左遷された。

しかし関東軍行きを希望したのは、実は石原本人だったことが明らかになる。それには彼なりの考えがあってのことだった。すでに満州国は、作戦能力のない憲兵上がりの東條英機と協和会総務部長甘粕正彦により、独立国家ではなく、植民地化されていた。石原は建国当時の本来の満州国に戻すため、あえて東條参謀長の下に、副長として出かける。

着任してみると、わずか一年で、満州国は植民地化され、五族協和による協和会という思想集団は形だけのものになり、完全に傀儡国満州になっていた。石原は、この壁を切り崩そうと意気込むが、なかなか出来ない。その理由は、着任早々、全参謀会議の席で、東條が「石原副長は作戦のみで、満州国の政治にはタッチさせない」と先手を打って、線引きしたことにある。以後、全くの孤軍奮闘となる。

しかし石原も反撃に出る。それは東条勝子夫人が中心となって満州婦人会をつくり、茶道、華道、日本式礼儀作法などを満州の婦人たちに普及させる活動費が軍の機密費から出費されていることいることの指摘である。石原はただちにこれをカットした。高給とりだから実費でやれとの理由からである。そのことが東條の恨みを買う。両者は犬猿の関係のまま平行線を辿り、甘粕が仲裁に入ってもついに融和することはなかった。もっとも、石原の満州再建は、昭和十三年六月一日付での大臣異動で、板垣征四郎陸軍大臣・東條陸軍次官就任で、チャンスがくる。誰もが一時的に参謀長代行をしていた石原の関東軍参謀長就任を信じていた。

ところが、またも東條は前次官の梅津美治郎と謀って、前例のない人事異動を決定した。従来、上級司令の人事は新大臣が任命してきたし、発令している。ところが東條は五月下旬にさっさと満州を捨てて陸軍省入りし、中国にいる板垣が日本に戻る前に、関東軍参謀長を磯谷廉介中将に決めている。六月に入って陸軍省入りした板垣が前任大臣から引き継ぐ前に上級司令の人事が決まっていたのだから大変である。これは陸軍次官になった東條の独断であった。

ここに、石原の関東軍参謀長就任と満州国再建の夢は消える。石原は身も心も疲れ果て、失意のうちに辞表を出し、妻錦子と二人、誰に見送られるでもなく、新京駅から去った。日露戦争以来日本人の血と汗と涙で築き上げた満州国は、東條一派の愚策で、植民地同様の傀儡国家になり下がり、ついに国際連盟入りの夢は果たせず、十三年後には地球上から消えた。

本書は、満州国再建に取り組む石原莞爾の苦悩を、資料に基づいて描いたものである。東條と石原の決裂は、また日本の悲劇の始まりであった。

令和元年九月

早瀬　利之

参考文献

『戦史叢書　関東軍一』防衛研修所戦史室編　朝雲新聞社　一九六九年
『石原莞爾選集』全一〇巻　玉井礼一郎編　たまいらぼ　一九八五～八六年
『石原莞爾資料国防論策』（明治百年史叢書）角田順編　原書房　一九六七年
『私と満州国』武藤富男　文藝春秋　一九八八年
『東亜の父　石原莞爾』高木清寿　たまいらぼ　一九八五年
『愚かなる戦争』田村真作　創元社　一九五〇年
『石原莞爾の悲劇』今岡豊　芙蓉書房　一九八一年
『戦陣随録』片倉衷　経済往来社　一九七二年
『ある作戦参謀の悲劇』芦澤紀之　芙蓉書房　一九七四年
『日本軍閥暗闘史』田中隆吉　長崎出版　一九八五年
『満州奉天日本人史』福田実　謙光社　一九七六年
『満州事変と奉天総領事』林久治郎　原書房　一九七八年
『見果てぬ夢』星野直樹　ダイヤモンド社　一九七八年
『満州建国大学物語』河田宏　原書房　二〇〇二年
『石原莞爾　悲劇の将軍』山口重次　世界社　一九五二年
『文藝春秋』平成十四年十二月臨時増刊号

著者

早瀬利之（はやせ としゆき）

1940年（昭和15年）長崎県生まれ。昭和38年鹿児島大学卒業。石原莞爾研究者。著書に、『石原莞爾 満州合衆国』、『石原莞爾 満州備忘ノート』、『石原莞爾 国家改造計画』、『参謀本部作戦部長石原莞爾』、『石原莞爾 北支の戦い』、『南京戦の真実』、『サムライたちの真珠湾』、『将軍の真実・松井石根将軍の生涯』、『満州残映』、『石原莞爾と2.26事件』（以上、光人社および潮書房光人社）、『奇襲』（南日本新聞開発センター）、『石原莞爾 マッカーサーが一番恐れた日本人』（双葉新書）、『靖国の杜の反省会』（芙蓉書房出版）などがある。日本ペンクラブ会員、満州研究会会員。

石原莞爾　満州ふたたび

2019年10月22日　第１刷発行

著　者
早瀬《はやせ》 利之《としゆき》

発行所
㈱芙蓉書房出版
（代表 平澤公裕）
〒113-0033東京都文京区本郷3-3-13
TEL 03-3813-4466　FAX 03-3813-4615
http://www.fuyoshobo.co.jp

印刷・製本／モリモト印刷

ISBN978-4-8295-0772-8